レイチェル=カーソン

レイチェル＝カーソン

•人と思想

太田　哲男　著

137

CenturyBooks　清水書院

はじめに

地球環境に大きな変化が現れている。一九九六年に北アメリカやアジアを襲った破壊的な熱帯性の嵐（tropical storm）は、地球環境の決定的な変化の前兆であろうか。大気中の二酸化炭素の濃度は、異常なペースで高まっていて、これが「地球温暖化」につながると懸念されている。森林の消失、酸性雨なども深刻な状態にある。

環境問題について考えるためには、現在どのような事態が進展しているか、その原因は何か、などについて知ることがもちろん必要である。

だが、環境問題について徹底的に考えた人の思索のあとをたどることも有意義である。そういう人の代表者に、『沈黙の春』で知られるレイチェル＝カーソンがいる。

環境問題は今や実に広範なものになっている。エルンスト＝U＝フォン＝ワイツゼッカーは、

『地球環境政策』という本の中で、一九世紀を「国民国家」の時代と特色付け、二〇世紀を「経済の世紀」だが現在は「環境の世紀」に移ろうとしていると位置付けた。*1 環境問題は、まさに人類の生存と深く結びついた問題になっている。

では、いつ頃から「環境の世紀」になったのか。それは、西欧や日本が第二次世界大戦後の混乱から立ち直り、資本主義諸国が高度経済成長の時期に入った一九六〇年頃からということになるのだろう。だが、当時はまだ環境問題は局所的問題に過ぎないと思われていた。ワイツゼッカーも、「一九六〇年代には環境の世紀の到来を語った人はだれでも嘲笑されたものである」と書いている。まさにその一九六〇年代初頭に、実際に「嘲笑された」かどうかはともかくとして、「環境の世紀の到来を語った人」、環境問題の決定的重要性を訴えた人がいた。『沈黙の春』を書いたレイチェル＝カーソンである。

『沈黙の春』の影響力の大きさ・先駆性の一端を示すエピソードがある。

一九八四年の創刊以来、毎年出版されて広く読まれるようになった『地球白書』の九二―九三年版の「はじめに」には、ペンシルヴェニア州立大学による環境運動指導者たちへのアンケート調査の一端が紹介されている。それは、その指導者たちが読んだ書物の中で最も影響力のある環境問題関連図書は何かというものだが、その上位二冊が、アルド＝レオポルド『砂の国の暦』（一九四九年）とレイチェル＝カーソン『沈黙の春』（一九六二年）で、第三位が『地球白書』だったというのである。そして、『地球白書1992―93』は、『砂の国の暦』や『沈黙の春』のような「名著と肩を並べることは、気恥ずかしくもあるが何よりの励ましでもある」と書いている。[*2]『沈黙の春』の先駆性には多くの人が言及しているが、簡潔な指摘ながら犬養道子『人間の大地』はその一例である。[*3]

しかし、『沈黙の春』を開くと、そこには地球温暖化も酸性雨も森林乱伐も出てこない。この本が中心的にとりあげているDDTは、多くの国々では使われなくなった薬品である。そのため、表面的に見ると『沈黙の春』はもはやその意義を失った本、局部的問題について述べた本のように思われるかもしれない。あるいは、その冒頭の「寓話」的記述だけを見て、何かリアリティを欠く本だという印象を持つ人がいるかもしれない。だが、『沈黙の春』をじっくり読めば、これが今日の環境問題を実に原理的なところで把握した本であり、「現代」を考えるための必読の本だということに気付くにちがいない。

本書は、カーソンの「人と思想」を、『沈黙の春』を中心に見ていこうとするものである。カーソンが生前に刊行した著作は『潮風の下で』『われらをめぐる海』『海辺』『沈黙の春』の四冊であり、死後まもなく刊行されたのが『センス・オブ・ワンダー』である。どの本も広く読み継がれてきたものであり、叙述はみずみずしい。本書のⅠ章ではカーソンが最初の著作である『潮風の下で』を書くまでのことを、II章ではカーソンの海に関する次の二冊の本のことを述べる。III章では本書の主眼とする『沈黙の春』の内容を見る。IV章では『沈黙の春』の意義を思想史的な視野から論ずることにしよう。

私は本書をできるだけ若い人たちに読んでほしいと念願しながら書いた。『沈黙の春』からの著作を多くしたのも、その一端にふれてもらい、できれば『沈黙の春』そのものを、さらにカーソンの他の著作をも読まれることを願ってのことである。

なお、本書の各章末の注は、カーソンについてすでに知識のある人などを想定して記したものが多いので、カーソンについて初めて知ったという人は、これらの注には必ずしもこだわらずに、お読みいただいて差し支えない。

注

*1——エルンスト＝U＝フォン＝ワイツゼッカー『地球環境政策』宮本憲一他訳、有斐閣、一九九四年。J・S・コリス『森』(福本剛一郎訳、玉川大学出版部。原題は、John Stewart Collis, *The Vision of Glory*, 1972) にも、今や「経済の時代」から「生態学の時代」に移ったと書かれている。

*2——レスター＝ブラウン編著『地球白書1992—93』加藤三郎監訳、ダイヤモンド社、一九九二年。

*3——『人間の大地』中央公論社、一九八三年。

レイチェル＝カーソン関連地図

本書では米国をアメリカ合州国と表記している。

目次

引用文献略号一覧

以下の本からの引用は、原則として次の記号で示し、頁数を数字のみで併記する。ただし、主として伝記的部分に関しては、本書の性格上から、一々の注記は省略したところも少なくない。なお、引用文中に［　］で記入したものは、引用者による注記である。訳文は、左記の翻訳にしたがうことを原則としたが、漢字とかなの表記の仕方などを変えた箇所もある。

（一）カーソンの著作

潮風　『潮風の下で』（*Under the Sea-Wind*, 1941）上遠恵子訳、宝島社、一九九三年

われら　『われらをめぐる海』（*The Sea Around Us*, 1951）日下実男訳、ハヤカワ文庫、一九七七年

海辺　『海辺』（*The Edge of the Sea*, 1955）上遠恵子訳、平河出版社、一九八七年

沈黙　『沈黙の春』（*Silent Spring*, 1962）青樹簗一訳、新潮文庫（改版）、一九九二年

（二）カーソンの伝記・研究書など

行くえ　フランク＝グレアム＝ジュニア『サイレント・スプリングの行くえ』（Frank Graham Jr., *Since Silent Spring*, 1970）田村三郎・上遠恵子訳、同文書院、一九七〇年

B　ポール＝ブルックス『レイチェル・カーソン』（Paul Brooks, *The House of Life : Lachel Carson at Work*, 1972）上遠恵子訳、新潮社（新版）、一九九二年

スターリング　Philip Sterling, *Sea and Earth : The Life of Rachel Carson*, Thomas Y. Crowell Company, 1970

ハーラン　Judith Harlan, *Sounding the Alarm : A Biography of Rachel Carson*, Dillon Press, 1989

ヘンリクソン　John Henricksson, *Rachel Carson : The Envioronmental Movement*, The Millbrook Press, 1991

本書I章の伝記的部分については、ブルックスの本に引用された史料に依拠した箇所が少なくないことをお断りしておく。

Ⅰ　若き日々

ペンシルヴェニアの小さな町で

カーソンの生地

レイチェル＝カーソンは、一九〇七年五月二七日、アメリカ合州国ペンシルヴェニア州のスプリングデールに生まれた。スプリングデールは、ピッツバーグの北東約一五マイル（約二四キロメートル）にある、当時人口約二五〇〇人の静かな小さな町だった。

ペンシルヴェニア州は、一九世紀半ばに石油が出てオイルラッシュが起こった地であり、南北戦争の後に「鉄鋼王」と呼ばれたカーネギー（一八三五～一九一九）が鉄鋼会社を設立したのが同州のアルゲニー（現在はピッツバーグ）だった。カーネギーは少年時代に家族とともにスコットランドからアメリカへ移住してきたのだった。一八八九年にはアメリカの鉄鋼生産高はイギリスのそれを追い抜いたが、その時代のピッツバーグは、鉄鋼の街として巨大な発展をしていた。レイチェルは後に環境破壊の問題に取り組むことになるのだが、二〇世紀初頭のピッツバーグは、すでに環境破壊の明白な事例となっていて、製鋼工場の煙の充満した煤《すす》けた都市だった。けれども、市民は灰色の空気にも息を詰らせる煙にも驚かなかっただけでなく、むしろそれらを産業発展の象徴と見なしていたようである（ヘンリクソン、18）。

レイチェルの父、ロバート＝ワルデン＝カーソンは、ペンシルヴェニア州ピッツバーグの人で、もの静かな男だった。教会カルテットとして州内を回っていた彼は、一八九四年、ワシントンという町に住むマリア＝フレイジャー＝マクリーンと知り合った。マリアは、長老教会の牧師の娘で、ピアノと歌を勉強していて、合唱団のメンバーでもあった。マリアの姉のイダは、ピアノを教えていた。マリアは学校の教員だったが、教員は一九世紀末の女性に開かれていた数少ない職業であった。ロバートとマリアは、一八九四年に結婚した。当時は女性教員は単身者たるべしとされていたようで、マリアは職を辞した。

二人の間には、一八九七年に長男ロバートが、九九年にマリアンが生まれて、カーソン一家は、ピッツバーグからスプリングデールに引っ越した。一九〇七年、この夫婦の三人目の子どもとしてレイチェルは生まれた。

レイチェル＝カーソンの生家

ロバートが町はずれに買った六五エーカー（一エーカーは、約四〇〇〇平方メートル）の土地には、牛、馬、豚、鶏などがいて果樹園もあったが、彼自身は農場経営に熱心とはいえず、保険の外交員や変電所のオペレイターをしていた。彼が土地を買ったのは投資の対象としてであって、ピッツバーグが拡大すれば、その土地が高く売れると考えていたらしい。ピッツバーグはスプリングデールの方向には発展しなかったので、ロバートの夢は実現しなかった。けれども、自然を愛する子ども、レイチェルには、この地はすばらしい環境を提供した。

子ども時代と自然

両親は、姉兄とはやや年齢の離れたレイチェルをことのほか可愛がり、早くから読み聞かせをしていた。レイチェル自身、小さい時から知的好奇心が旺《おう》盛《せい》だったし、大きくなったら作家になると決めていたという。

また、母マリアはレイチェルと野原や農場の果樹園を歩いた。レイチェルは、母と過ごした少女時代のことを、「私が、戸外のことや、自然界のすべてに興味を抱かなかったことは、かつて一度もありません」し、「これらの興味は母から受けついだものであり、母とはいつもそれを分けあったものでした。私は、どちらかというと孤独な子どもで、一日の大半を森や小川のほとりですごし、小鳥や虫や花について学んだのです」（B、29）[*1]と回想している。また、母のことを、「私が知っている誰よりも、シュヴァイツァーの『生命への畏敬』を体現していた。生命あるものへの愛は、母の顕著な美点でした」（ハーラン、9）と語っていた。

一九七三年にノーベル医学生理学賞を受賞した動物行動学者コンラート＝ローレンツは、スイスのチューリヒのある大学教授が、著名な生物学者二〇人に対し、誘導尋問なしに「いつ頃から動物への興味が始まったか」というアンケート調査をしたところ、二〇人全員が「五歳以前から動物への興味が始まっていた」と答えたことを、ある対談で紹介している。[*2] また、『昆虫記』で知られるファーブルも、「小さい時分から甲虫や蜜蜂や蝶などは私の喜びだった。思い出せるだけ幼い頃のことを思い出してみると、私はおさむしの鞘翅《さやばね》やきあげはちょうの翅《はね》のすばらしさに大喜びだった自分が思い出される」[*3]と書いている。おそらくカーソンの場合も、ごく年少の頃から生きものへの並々ならぬ興味が生まれていたのであろう。

『センス・オブ・ワンダー』

レイチェルは『沈黙の春』（一九六二年）の出版と前後して、広く子どもたちに自然に対する「驚異の目」をみはらせるための本を出そうとしていたが、その出版をみることなく亡くなった。この本は、後に『センス・オブ・ワンダー』として出版された。レイチェルは、彼女の姪《めい》のマージョリーやその息子のロジャーと、アメリカ合州国東海岸の最北メイン州にレイチェルが保有していた別荘で、しばしば夏の数カ月を過ごした。『センス・オブ・ワンダー』の巻頭部分には、レイチェルとロジャーが月の明るい夜や雨の降る日などにも付近の海辺や森で過ごした日々のことが、えも言われぬ美しい筆致で描かれている。

ある秋の嵐の夜、わたしは一歳八か月になったばかりの甥《ママ》のロジャーを毛布にくるんで、雨の降る暗闇のなかを海岸へおりていきました。

海辺には大きな波の音がとどろきわたり、白い波頭がさけび声をあげてはくずれ、波しぶきを投げつけてきます。わたしたちは、まっ暗な嵐の夜に、広大な海と陸との境界に立ちすくんでいたのです。

そのとき、不思議なことにわたしたちは、心の底からわきあがるよろこびに満たされて、いっしょに笑い声をあげていました。[*4]

これは、『センス・オブ・ワンダー』の巻頭部分だが、「トウヒやモミのよい香り」をかぎつつ、「北の森に見られるさまざまな植物のじゅうたんが敷きつめられて」いるメイン州の森を歩く様子などを描写した時、レイチェルは、ロジャーと共有した時間と、幼い日に母親といっしょにスプリングデールの農場近くの森や小川のほとりで過ごした記憶とを、重ねていたかもしれない。もっともレイチェルは大学卒業の時まで、海を見たことはなかったのだが。この本のことについては、後にまた触れる。

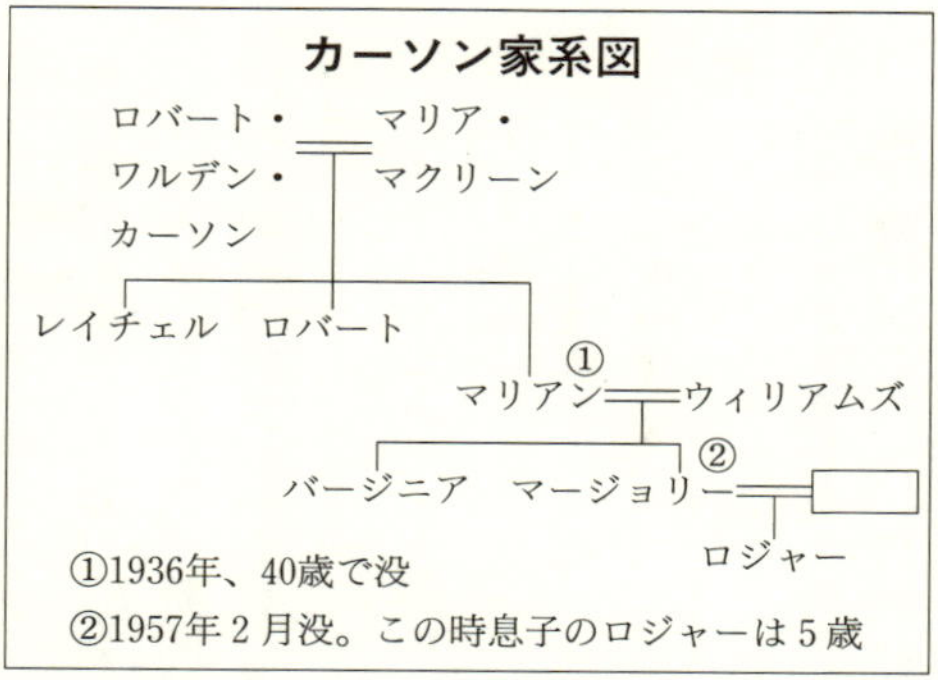

少女時代

一九一四年夏、第一次世界大戦が始まり、一七年にアメリカも参戦した。

一七年、一〇歳のレイチェルは、子ども向け出版物として知られていた『セント・ニコラス』という雑誌の「リーグ」という欄に「大空の戦い」という物語を投稿し、銀賞を得た。レイチェルの兄ロバートがアメリカ陸軍航空隊に入っていて、その兄から聞いた話が刺激となっていた。この物語は、ドイツ軍の対空砲火を浴びながらも必死に飛行機を操ったカナダ人兵士のことを書いたもので、その兵士の勇敢さを、敵ながらあっぱれと認めたドイツ軍が砲撃を止めて無事に着陸させるという話だ。[*5] この投稿欄は戦意高揚を目差したものではあったろうが、レイチェルの物語がナショナリスティックな発想になっていない点は興味深い。[*6] この作品によって彼女は一〇ドルを受け取った。最初の「原稿料」であった。自分の書いたものが活字になったのを見たこの時期の経験が、作家になるんだという夢を育む役割を果たしたのだろうと彼女は後に回想している。

これがきっかけとなって、彼女はしばしば同誌に寄稿し、一九一九年には、金賞を得た。一二歳の時には、ある随筆が『セント・ニコラス』誌に買い取られたという。
　あるカーソンの伝記によれば、レイチェルは少女時代に『シートン動物記』にも熱中したが、この動物記に批判的な意見を聞いて、野生の生き物をありのままに描いている著作のほうにより興味を覚えるようになったという。[*7]「作家」といっても、ノンフィクションへの傾向がはやくも芽ばえていた。
　その後、レイチェルは、ペンシルヴェニア州ニュー・ケンジントンに近いパルナッソス・ハイスクールに入学したが、通学時間が長く、放課後などに友人と交流することは困難だった。教師たちは彼女を勤勉な生徒と見なし、クラスメイトは彼女を孤独で本が好きな娘と見ていた。ハイスクール時代のアルバムのレイチェルの写真の脇には、
　　レイチェルは真昼の太陽のように、
　　いつも明るく、
　　はっきり理解するまで、
　　勉強を止めない
とあった（ハーラン、28)。
　レイチェルの両親は彼女を大学に入れようとしたし、彼女自身もそれを希望した。カーソン家では、保険会社からの父の給料の他に、母も近所の人々にピアノや歌を教えて収入を得てはいたが、

娘を大学に入れる経済的余裕はなかった。一九二五年、彼女は優等生の成績でハイスクールを卒業し、大学に進めるようにと一〇〇ドルの奨学金を貰うことができたが、ピッツバーグにあるペンシルヴェニア女子大学（一八六九年創設。現在は共学でチャタム・カレッジ Chatham College と改名）に入学すると、年間八〇〇から一〇〇〇ドルが必要だった。レイチェルを優秀と見込んだ大学の学長などが個人的な奨学金を用意してくれて、レイチェルは大学に入学したが、その奨学金の返済のため、レイチェルの両親は、後にスプリングデールのカーソン家の土地の一部を売却せざるをえなかった。

大学時代

学生生活

二〇世紀に入ると、アメリカでは高等教育を受ける若者の数は増加し始め、とりわけ第一次世界大戦後には急増した。大学への進学率は二〇パーセント程度となり、大学は、エリートの子弟に教養を与える機関から、大衆の子どもたちに社会的・経済的出世に必要な教育を提供する組織へと変貌《へんぼう》しつつあった。「大学は不幸にも栄光ある遊び場となってしまった」という声が生じていた。*8 こうした大学の変貌は、アメリカ社会自体の動向を反映していた。一九二四年の大統領選挙で勝利したクーリッジ大統領は、「アメリカの主要な仕事（chief business）はビジネスだ」と宣言していた。「フラッパー［突飛な服装と振舞いをする現代娘］の時代」でもあった（ヘンリクソン、25）。

ヘミングウェイ（一八九九〜一九六一）の『日はまた昇る』（一九二六年）の扉には、「あなたがたはみんな失われた世代ね」というアメリカの女流詩人・小説家のガートルード＝スタインの言葉が掲げられている。この小説には、第一次世界大戦でヨーロッパの戦場に赴き、その後アメリカ社会へ精神的な面で順調に復帰することができなかった「失われた世代」の若者たちの姿が描かれているが、ここに描かれた若者たちよりもさらに若い二〇年代半ばの大学生たちには、戦争は遠く離れたヨーロッパ世界のものでしかなく、戦勝国としてのアメリカに繁栄をもたらしたものとしてだけ受け止められていたのだろうか。

ペンシルヴェニア女子大学の学生の多くは、美しく着飾り、お好みの時にパーティで遊び暮らしていて、大学の勉学のほうはいささかも真剣ではなかった。初めて家族から離れて暮らしはじめていたレイチェルだったが、そうした時代風潮に流されることなく勉強に打ち込んでいた。

チャタム・カレッジ。カーソン在学中は、教室・寮・食堂を兼ねたウッドランド・ホール（Woodland Hall）があるだけだったという

レイチェルの母マリアは、時折、果物やクッキーを携えて大学構内にやってきた。レイチェルは友人たちとこの「差し入れ」を分かち合ったが、たいていの学生は、キャラコの服を着たマリアを「変な老婦人」としか見なかった。マリアにとっては、外見は問題ではなく、人間は内実が肝腎だった。スプリングデールのカーソン家を訪れた大学の友人は、学費を作るためにピアノ以外の金目のものをマリアが売り払ったことを知っていた。

ウッドランド・ホールは、一部分を増築して現在も使用されている

レイチェルは勉強のかたわら、大学新聞『矢』の仕事もして、文学的なエッセイも書いていた。英文学専攻を考えていたレイチェルは、英文学のグレース＝クロッフ教授と出会い、大きな影響を受けた。二年生の時にレイチェルが書いた物語で、彼女は学内の賞も得ていた。さらには、大学のクラスのホッケーチームではゴールキーパーとなり、科学クラブの長もした。

当時のレイチェルが好んでいた作家は、イギリスではシェイクスピアやミルトン、ディケンズやスコット、テニスンやブラウニングで、ラスキン（一八一九〜一九〇〇）の『胡麻と百合』を愛好していたという。アメリカでは、マーク＝トウェーン、アーヴィング、ロングフェロー、ポーに惹《ひ》かれていた。ラスキンの講演『胡麻と百合』は、二〇世紀の代表的小説の一つとなった『失われた時を求めて』を書く以前のマルセル・プルーストによって、詳細な注釈を付しつつフランス語訳された作品でもあった。『胡麻と百合』の前半部分は読書論だが、その中に、作者は必要なことを、「明晰かつ音楽的に、とにかく明晰に表現しなければなりません」[*9]とある。この箇所がレイチェルに影響を与えたなどというつもりは毛頭ないが、後の彼女の文章の明晰さを連想させる一節ではある。

生物学に引かれる

大学入学後の自己紹介文に、長老派《プレスビテリアン》の一員で、スコットランド系アイルランド人の家系だと記していたレイチェルは、「野生の生きものは私の友だち」と書いていた。作家になろうとしていたレイチェルだったが、二年生の時に必須《ひっす》科目だった生物学にすっかり引きつけられた。生物学の教師だったメアリー＝スコット＝スキンカーも非常に情熱的で、学生たちを野外実習に連れ出した。子どもの頃に家の近くの森や小川で見ていた生きものたちについての生物学的な説明に、レイチェルは初めて接した。

ちなみに、スキンカーは独身だった。熱烈に求婚した男性がいたが、結婚すれば生物学の研究を続けられないと彼女は判断し、生物学者の道を選択していた。男性優位は、当時の状況でもあった。

レイチェルは生物学に引き付けられはしたが、文章を書くことも好きだった。生物学者の途《みち》と文筆家の途。どちらに進むべきか。思いを巡らした末に、生物学を選び、結局は動物学を専攻することになった。この決断は、教師たちや友人たちを、スキンカー自身をも驚かせた。レイチェルの友人メアリー＝フライあての手紙によれば、学生たちはもとより、教師たちからもほとんど罵倒《ばとう》されるような状態だったという。学長のコーラ＝クーリッジさえも、生物学専攻への変更を撤回するようレイチェルを説得しようとした。作家の道が大いに期待できるし、自然科学の分野で女性が成功することはごく稀《まれ》だ、というわけである（ハーラン、36）。

しかし、こうした説得も、彼女の翻意には成功しなかった。専攻変更のため、受講科目が多くなったが、実験室に籠《こも》って日々を過ごすのは、決して悪くなかった。『沈黙の春』の中に、カーソンが学生時代のことを回想した部分がある。それは、ある種の動物は、ひとたび環境抵抗が弱まった場合、爆発的な増殖力を示すということに触れたものだが、カーソンが生きものの魅力に心をうばわれていた様子を伝えるかのようである。

私がまだ学生だったころのことを思い出す。壺のなかにふつうの干し草と水とをまぜて入れておき、それに原生動物を十分に培養させたのを二、三滴加えると、不思議なことが起る。二、三日もたたないうちに、壺は、渦を巻き、矢のように飛びかう、はなやかな生命の群れでいっぱいになる。数えきれない、何兆という極微動物、ゾウリムシなのだ。ほこりの粒のように小さなゾウリムシは、食物もふんだんにあり、温度もちょうどよく、敵もいないこの仮のエデンの園で、思う存分繁殖してゆく[*10]（沈黙、285〜286）。

水の中に生命の繁殖を見るのは、ある人々にとっては大いなる喜び、興味の尽きないことのようだ。『昆虫記』のファーブルが子どもたちのために書いた『植物記』は、その冒頭の一章を、池から体長一センチあまりのヒドラを採取してコップの中に入れて観察する話にあてている。そして、彼はその中で演じられる生命のドラマの観察の様子を紹介して、「生命はなにものにも比べられない魔術師」だと書いている。[*11]

また、ローレンツは、『ソロモンの指環』で、水槽（アクアリウム）の観察のことに触れている。ガラスビンと水網をもって近くの池にいくと、いろんな生き物がいっぱいとれる。彼は九歳の時、「淡水の池の驚くべき世界を見出したのであった。それ以来、この世界の魅力はわたしをひきつけて放さない」というのである。このようなファーブルやローレンツの言葉は、カーソンの言葉だと言われても不自然でない感じがする。このような感動をしばしば交えつつ、その後も積み重ね続けた自然の観察が、後のカーソンの作品の基盤を形成することになるのである。

上：ウッズホールの海洋生物研究所。1928年の写真。下：ジョンズ・ホプキンズ大学内のギルマン・ホール。カーソン在学中の写真

ジョンズ・ホプキンズ大学　一九二九年六月、レイチェルは第二位の成績で大学を卒業した。奨学金を受けて、メリーランド州ボルティモアにあるジョンズ・ホプキンズ大学の大学院に入学することになったが、メアリー＝スキンカーは、その夏、レイチェルがマサチューセッツ州の、大

西洋に面したウッズホール海洋生物研究所（ＭＢＬ）での夏季研修の研修員になれるよう計らってくれた。レイチェルはそこで初めて海を見た。子どもの頃から思い描き、それについて書かれたものを読み続け、研究してきた海を。研究所の図書館には、海について書かれたあらゆるものがそろっているように見えた。実験設備は最新・最良で、海水タンクもあり、化学的処置を施された何千という生き物の標本があった。海洋科学者たちが数多くいて、レイチェルのような学生をも暖かく迎えてくれた。そして、大西洋が広がっていて、それを眺めて飽くことがなかった。ここでの六週間の生活は、彼女が「生涯で最も幸福な日々」と回想する（ヘンリクソン、33）ものであり、生物学者になることを最終的に決断させたのだった。そして、彼女が「海の伝記作家」となる大きな条件となった。ウッズホールからの帰路に、レイチェルはワシントンＤＣにある漁業局のエルマー＝ヒギンズに面談し、大学院生の勉強の仕方や進路について助言を得た。専門家に相談するのが何より肝腎だというのが彼女の考え方だった。

レイチェルは、Ｈ＝Ｓ＝ジェニングスとレイモンド＝パールの下で研究に励み、修士論文は、「ナマズの胚子《はいし》および仔《し》魚期における前腎《ぜんじん》の発達」というものであった。また、ジョンズ・ホプキンズ大学在学中から、メリーランド大学とジョンズ・ホプキンズ大学（夏季学校）の時間講師を務めるようになった。

一九三二年六月、レイチェルは、ジョンズ・ホプキンズ大学の修士号を得た。

大恐慌と就職

一九二九年一〇月二四日（暗黒の木曜日）のニューヨーク株式市場の大暴落によって、世界恐慌が始まった。恐慌の後、カーソン一家もペンシルヴェニア州スプリングデールの土地を売り払い、メリーランド州のボルティモアに移った。レイチェルの姉マリアン＝ウィリアムズが離婚し、二人の子どもを連れて母のもとに戻り、レイチェルたちとともに住むようになった。失職した兄も同居したが、彼はラジオ修理の関係の仕事を見つけた。三〇年代前半、レイチェルは時間講師を続けるかたわら、さまざまな雑誌に詩の投稿も試みていたが、成功には至らなかった。

一九三五年七月六日、レイチェルの父、ロバート＝ワルデン＝カーソンが心臓発作で急死した。妻子の生活を支える財産はほとんど残されず、レイチェルの時間講師による収入はわずかなもので、カーソン家の経済状態は苦しいものだった。

恐慌後の時代で、職を見つけるのも困難だった。ある日、レイチェルは漁業局の生物課長エルマー＝ヒギンズに会いに行った。当時、彼は「海の中のロマンス」という漁業局担当のラジオ番組を企画し、海洋学の知識と文筆の力をあわせもった人を時間給で探していた。プロのラジオ作家を使ってみたが、科学の知識がないため、すぐにタネ切れとなった。漁業局の科学者たちには、生き生きとして面白いものを書くことはできなかったのである。レイチェルは、次のように回想している。

「そのころ彼はやや絶望感を抱いていたようでした」「当時、彼は自分で原稿を書こうとしていたのだろうと思います。彼は、二、三分間、私に話しかけ、次のように言いました。『あなたが書いたものは一字も見たことがありません。しかしいちかばちかやってみましょう』。このささやかな仕事、これがきっかけになって私は、生物学者として本採用されることになるのですが、いずれにしてもそれは転換点になりました」（B、32～33）

そんな時期に、「初級水産生物学者」採用の文官試験があり、レイチェルはその試験に一番の成績で合格して、三六年八月一七日、漁業局に正式に採用された。この時の合格者の中で女性は彼女一人、給料は年間二〇〇〇ドルだった。そして、レイチェルの文筆の才能を認めていたヒギンズのもとで、ラジオ放送のための仕事を一年間続けたのだった。ハーランによれば、レイチェルは、就職後まもなく母マリアとともに、ワシントンＤＣの職場にほど近いメリーランド州シルヴァー・スプリングに転居した。買い物、清掃、料理は母が引き受けていた。

レイチェルは、『ボルティモア・サン』紙の編集者に注目され、その日曜版に海洋に関する原稿を書き、若干の収入を得るようになった。だが、一九三六年、レイチェルの姉で病弱だったマリアンが四〇歳で亡くなった。残された娘マージョリーとヴァージニアはまだ小学生で、レイチェルと彼女の母マリアは、この二人の子どもの面倒を見ることにした。四人家族となったのである。

ラジオ向けに書いたレイチェルの文章を小冊子にしようとしたヒギンズは、その序文を書くように彼女に勧めた。やがて書き上げた序文を彼に見せると、彼は、この論文はすばらしいから、有名な雑誌『アトランティック・マンスリー』[*12]に投稿するよう勧めてくれた。彼女は、しばらく逡《しゅん》巡《じゅん》したが、この論文を投稿した。数週間後の夕方、彼女が帰宅すると、母親が封筒を抱えていた。それは『アトランティック・マンスリー』からのもので、封を切ると中に手紙と七五ドルの小切手が入っていた。レイチェルは感激にふるえた。この論文「海の中」は、三七年九月、採用・掲載された。

後に彼女は、「これは私の書いたものが、全国的な雑誌にのった最初です」と書き、また、「他のことは、それに続いて起った」のだと書いている。また、一九二〇年代のベストセラー『人類の物語』の著者、ヘンドリック＝ウイレム＝ヴァンローン（一八八二〜一九四四）が、この論文をたたえる手紙をレイチェルに送ってきた。彼女は、「私への郵便物のなかで、彼の最初の手紙ほど私を興奮させたものはありません」と回想しているが、投稿を繰り返してもなかなか認められなかった自分の原稿が全国的な雑誌に採用されたうえに、著名人からの賞賛の手紙を手にして、彼女の喜びはいかばかりであったろう。

最初の著作

最初の著作『潮風の下で』の出版　この短編がきっかけとなり、また、ヴァンローンの推輓《すいばん》もあって、サイモン・アンド・シャスター社の編集者クィンシー＝ハウから『アトランティック・マンスリー』の論文をふくらませたような本を書くよう求められた。大学時代に、生物学への途を選ぶことによって断念した作家への途が、再び開かれたといえよう。夜と週末とを使って、彼女は執筆にかかった。一九四〇年一二月三一日に書き終えられた原稿は、四一年一一月、『潮風の下で』として同社から出版された。巻頭には、「私の母に」と記され、また、英国の詩人スウィンバーンの詩の一節が掲げられた。ハワード＝フレンチの挿絵が本文を飾った（ただし、現行の英文『潮風の下で』〔第五版〕の挿絵は、レイチェルの友人ボブ＝ハインズの作品になっている）。

この本は三部から成り、「一部　海辺」では海辺の鳥のことが、「二部　沖への道」ではサバの話が、「三部　生命の回遊」ではウナギのことが主として描かれる。

一九三〇年代から四〇年代前半は、全体主義と戦争が猛威をふるった時代だった。ナチス・ドイツのポーランド侵攻（三九年九月一日）によって、ヨーロッパで世界戦争が始まり、ナチスによるユダヤ人迫害は深刻さを増し、ユダヤ人大量殺害のために毒ガスも使用されるようになっていた。また、日本軍の中国での占領地域は広がり、四一年七月には日本による「南部仏印進駐」を前に、アメリカは在米日本資産の凍結に踏み切っていた。日米間の緊張は高まり、やがて、四一年一二月、日米間の戦争に至るのだが、『潮風の下で』は、そのような時代に出版されたのだった。

一九四一年の日本では、市民生活への権力統制は厳しく、出版に関しても、総合雑誌には「執筆禁止者名簿」なるものが当局から示される（一九四一年二月）ような状況であった。当時のアメリカにはそのような状況はなかったにせよ、海辺の魚や鳥を描いた『潮風の下で』が広く読まれる社会的雰囲気になかったことも事実であろう。この本の初版は、批評家や科学者の間では評判がよく、『サタディー・レヴュー』誌のブック・レヴューを担当していた著名な作家で科学者のウィリアム＝ビーヴ博士は、カーソンのこの著作の「あらゆる言葉を堪能した」と書いていた。（ハーラン、62）しかし、この本は、最初の年、一四〇〇冊ほどしか売れなかった。

『潮風の下で』の生きもの描写

『潮風の下で』を読んでまず目につくのは、その生きもの描写の独特な点である。この本は、海辺の鳥や海の魚のことを描いているが、あたかも小説のように主人公がいるのである。海辺の鳥を描いた「一部　海辺」の「第一章　上げ潮」では、リンコプスという名前のクロハサミアジサシの生態が、「第二章　春の飛翔」では、ブラックフットとシルヴァーバーという名前のミユビシギの活動が、「第三章　北極圏の出会い」ではオークピックという名前の雄のシロフクロウの生活が、その記述の中心となっている。「二部　沖への道」はサバの話が中心だが、そこではスコムバーと名付けられたサバの「冒険」が描かれる（リンコプスとスコムバーは、それぞれの学名を固有名詞のように使用したものである）。

その具体例を、シマフクロウのオークピックの記述に見てみよう。

吹雪のあいだは、オークピックが平原を横切り、海を見わたせる尾根に沿ってどんなに飛んでみても、生き物はなにひとつ見つからなかった。しかし、今日は、ツンドラの上をたくさんの小さな生き物が動きまわっていた。

ミユビシギ。『潮風の下で』「第二章　春の飛翔」の主人公ともいえる

小川の東の土手に沿ったところで、ライチョウの群れは何本かのヤナギの枝が雪の上に突き出しているのを見つけた。このヤナギの木は、不毛な大地に雪が降り積もるまでに、カリブーの角の高さほどに成長していた。しかしいま、ライチョウはヤナギのいちばん上の枝にもらくに届くことができた。彼らはくちばしで小枝をつみとり、春のやわらかい新芽が出てくるまで、この食べ物で満足することに

した。
［中略］さて、オークピックは小川の谷間にやってくると、ヤナギの茂みのかげにきらきらした黒い玉が動いているのに気がついた。ライチョウの目だ。白い狩人は、青白い空にとけこみながら、ますます近寄っていった。それに気づかない白い獲物は雪の上を恐れることもなく動きまわっていた。風を切るやわらかいフーッシュという羽の音がして羽毛が飛び散り、雪の上には点々と赤いしみがまき散らされた。それはライチョウの産みたての卵の殻が乾くまでの色のように真っ赤だった。オークピックはライチョウを爪でつかみ、自分の領域の、見晴し台である尾根の高いところへと運んでいった（潮風、50〜52）。

ここでのカーソンは、自然観察にもとづく記録をする自然科学者というよりは、オークピックを主人公とする読み物を書く小説家のようだ。その手腕は『潮風の下で』のどの頁をとっても現れているが、鳥や魚の記述だけではなく、野原や海辺の描写も鮮やかである。

九月、野生のカラスムギの円錐形の花が金茶色にかわった。太陽の光のもと、湿地はやわらかな緑や茶色をしたイチゴツナギ（牧草）や、灯心草の暖かい紫色、そして、深紅のアツケシソウで輝いていた。ミズキはすでに川の土手に燃える赤い炎のように色づいている。秋の気配は夜の空気のなかに忍び寄って、暖かな湿地に流れこむと霧にかわり、夜明けに草むらに立つアオサギを隠し、また、何千もの草の茎を根気強く踏みしめてつくった湿地をぬう小道を走り抜けるネズミをタカの目から隠し、そして霧はまた、白波のうねる海の上を舞っているアジサシの目から入江にいる銀色の腹をきらめかせる魚の群れを隠してしまった。アジサシは太陽が霧を追い払うまで魚をとることはできないのだ（73）。

海は銀色にゆらめく月の光を浴びて輝き、光に目がくらんだイカを水面におびき寄せていた。イカは水面をただよいながら、その目は月をとらえていた（39）。

これらの絢爛《けんらん》たる筆致は、色彩豊かな絵画のようで、時としてやや幻想的だ。こうした描写には、詩人として立つことを志したカーソンの本領が、とりわけ色彩感覚において鮮やかに発揮されている。半面でその文章は、着実な自然観察の記録・事実に即した客観的な記述から離れていく場合がなくもないようにも思われるが、それはカーソンが意識的にとった方法の結果でもあった。その方法とは、次のようなものである。「海の生物とは、どんなものかを感覚的につかむためには、活発に空想を働かせ、しかも、しばらくは人間的なものの見方や規準を捨て去る必要がある」「他方、魚、エビ、クシクラゲ、鳥などが、現実に生命をもったものであることを人びとに理解させるためには、それを人間の行動と類比させて記述しなければならない。そのような理由から、正式な科学書ではしりぞけられている、ある種の表現を私はあえて使うことにした。たとえば、私は魚が敵を『怖がっている』と書いたが、ほんとうはわれわれと同じような形で恐怖を感じているのでなく、あたかも怖がっているような身振りをしているのにすぎない」（初版・序、B、44。なお、この序は、現行の原書では削除されている)。

サバのスコムバー

サバのスコムバーの話は、『潮風の下で』の「二部　沖への道」の中心をなし、その誕生から描かれている。アメリカ東海岸のヴァージニアの沖あたりで一匹の雌のサバから産みおとされた四〜五万の卵。それらの卵の中で完全に成長するのは、一〇〇〇個のうち一個に過ぎないという。ほとんどの卵は食べられてしまう。産卵後六日して、サバはふ化したが、その中の一匹がスコムバーだった。カーソンによれば、

この海面に近い水の中でスコムバーは初めて自分がねらわれているという恐怖を味わった。生まれてから十日目の朝、彼はほの暗い海底におりていかずに水面に近いところでゆっくりとただよっていた。透明な緑色の水中から銀色にきらめく十匹ほどの魚が不意に大きな姿を現した。それはカタクチイワシや小さいニシンのような魚だった。まっさきに一匹のカタクチイワシがスコムバーを見つけた。彼は仲間からはずれて小さなサバをとろうと口を大きくあけて水中を向かってきた(113)。

という具合だ。偶然現れたアジの群れがカタクチイワシに襲いかかり、スコムバーは難を逃れた。そのあと、甲殻類の幼生を夢中であさるが、「スコムバーが水深十メートルのエメラルドの霞のような海の中で幼生を追いかけていると、彼の視界をきらっとまぶしい閃光が走った」(115)。クラゲ

があっという間にスコムバーをとらえ、胃腔《いこう》にまで入れられてしまった。貪欲《どんよく》なクラゲはニシンの子どももそこに入れていた。絶体絶命。しかし、二歳になったマスがそのクラゲを口の中に入れたが、美味しくなかったか、すぐに吐き出した。その時、スコムバーもクラゲから解放された。

ポール＝ブルックスは、その『レイチェル・カーソン』で、この『潮風の下で』が、『かわうそタルカ』や『鮭のサラ』を書いた英国の作家、ヘンリー＝ウィリアムソンを想起させると書いている（B、44）。ブルックスに異議を唱えようというのではないが、このスコムバーの「冒険」に話を限れば、それはカーソンが愛好したというマーク＝トウェーンの『ハックルベリー・フィンの冒険』（一八八五年）を想起させる。筏《いかだ》に乗ってミシシッピ川の流れを下るハックとジムが繰り広げる冒険の数々——難破船に行き当たったり、筏を見失ったり、ペテン師たちに出会ったり、読む者の胸を躍らせる。

「生命の織物」という着想　冒険譚と見えるスコムバーの物語は、他方では、後年のカーソンの著作に連なるところを持っている。

カタクチイワシはふ化したばかりのサバを食べ、アジはカタクチイワシを食べる。少し成長したサバはニシンを攻撃するが、イカに攻撃される。サバはマグロに食べられ、カモメにも食べられ、マグロはシャチに食べられる。「何百万という数で赤い雲のようなかたまり」をなすカラヌスと呼ばれるきわめて小さいミジンコ群は、サバの好物である。こうして、「あるものは死に、あるものは生き、生命の貴重な構成要素を無限の鎖のように次から次へとゆだねていくのである」(92)。——

カーソンは、ニューイングランド沖にあふれるさまざまな魚をこのように描写して、そこに「生命の織物」(11)が織り上げられていると書いている。また、ミズクラゲの大群を登場させ、海鳥や甲殻類に攻撃され、荒波にもまれたミズクラゲが、幼生を解放しつつも、自分の体の組織をバラバラに解体させられてしまう様子を描いて、その「ライフサイクル」(131)が完成すると述べている。

この「無限の鎖」「生命の織物」「ライフサイクル」という表現は、後に説明する生態学《エコロジー》とか生態系という言葉こそ使用してはいないものの、まさしく海辺の生命の織りなす生態系を見事に描くキーワードであり、後の『沈黙の春』の一面に連なるものとなっている。

エコロジストと環境保全論者とを同一視するなら、『潮風の下で』のカーソンはエコロジストではない。しかし、「生命の織物」などという発想もエコロジーの側面を示すものと見れば、カーソンはすでにその最初の著作でエコロジスト的着想を明瞭に展開していたといえよう。

『潮風の下で』の初版は、数年たっても千数百部が売れただけだったというが、少なくない自然科学者がこの本を賞賛した。そして、そのうちの何人かとの間には友情が生まれた。後にも触れるが、カーソンの『沈黙の春』には、多くの自然科学者との文通によって確認され、教示され、支持された記述が並んでいる。この種の文通が可能になったのは、それらの人々とカーソンとの間の信頼関係による面が大きいだろうが、その信頼関係、親交の広がり・深まりには、『潮風の下で』の出版がひとつの画期となったといえよう。

注

＊1――ポール＝ブルックスは、カーソンと親交のあった編集者である。
＊2――コンラート＝ローレンツ『生命は学習なり』三島憲一訳、思索社、一九九〇年、9頁。ローレンツは、その『自然界と人間の運命』の中で、『沈黙の春』に「卓抜な本」として言及している（谷口茂訳、思索社、新装版、一九九〇年、434頁）。また、彼は、その『人間性の解体』（谷口茂訳、思索社、一九八五年）でも『文明化した人間の八つの大罪』（日高敏隆・大羽更明訳、思索社、一九七三年）でも、『沈黙の春』に触れている。カーソンの作品が、彼の文明論の展開の不可欠の要素のごとくだ。
＊3――ファーブル『昆虫記』（一）山田吉彦・林達夫訳、岩波文庫、一九九三年、55頁。
＊4――カーソン『センス・オブ・ワンダー』上遠恵子訳、佑学社、一九九一年、4頁。
＊5――ハーランの本に、レイチェルのこの物語が掲載されている。
＊6――マーティー＝ジェザー『運命の海に出会って　レイチェル・カーソン』（山口和代訳、ほるぷ出版、一九九四年）もこの点を指摘している。「敵ながらあっぱれ」と攻撃をさし控えたという話は、荒唐無稽とみえるかもしれ

ない。だが、あり得ない話でもない。第一次世界大戦が開始された一九一四年のクリスマスの時、ドイツ側兵士と英仏側の兵士の間で「休戦」どころかプレゼントの交換までが、一定の広がりをもって行われた。このことを、モードリス＝エクスタインズ『春の祭典』（金利光訳、TBSブリタニカ、一九九一年）は詳細な史料に基づいて解明している。だが、翌一五年のクリスマスには、その光景は見られなかったという。「全体戦争（トータル・ウォー）」となったのである。なお、リチャード＝ドーキンス『利己的な遺伝子』（日高敏隆他訳、紀伊國屋書店、一九九一年）にも、第一次世界大戦における独仏の兵士間では、相互に「敵」を殺す必然性がないため、実際にも直接の撃ち合いが行われない場合がある程度あったことの指摘と、ドーキンスによるその解釈とが記されている。

＊7――ジェザー、前掲書、参照。

＊8――奥出直人『トランスナショナル・アメリカ』岩波書店、一九九一年、参照。

＊9――プルースト＝ラスキン『胡麻と百合』吉田城訳、筑摩書房、72頁。

＊10――『沈黙の春』青樹簗一訳、新潮社、一九六四年。新潮文庫版は一九七四年。この文庫の改訳版が、一九九二年五月に刊行された。旧版と新版とで、頁付けにも若干のズレが生じている。本書での『沈黙の春』からの引用は、原則として改版本に従う。

＊11――ファーブル『植物記』日高敏隆・林瑞枝訳、平凡社、一九八四年、19頁。

＊12――『アトランティック・マンスリー』（一八五七年にボストンで創刊）は、今日でも高級誌として知られているが、ソロー（ソーロウ）やエマソンの論文を掲載していた雑誌で、たとえば、エマソンの論文「ソーロウ」は、この雑誌に掲載されたものである（『エマソン論文集』下　酒本雅之訳、岩波文庫、一九七三年、所収）。なお、ソロ

ーについては、本書Ⅳ章を参照されたい。

II　ベストセラー科学者

『われらをめぐる海』

魚類・野生生物局での仕事　レイチェル＝カーソンの属していた商務省所属の漁業水産局は、一九四〇年に農務省所属の生物調査部と合併して、内務省所属の魚類・野生生物局となった。彼女の役人としての身分は、水生生物学者助手（一九四二〜四三）を皮切りに、準水生生物学者、水生生物学者、情報専門官を経て、生物学者・編集長（一九四九〜五二）となり、次第に責任も大きくなった。彼女の仕事は、主として編集・出版に関連していて、政府刊行物の原稿も書き、その一部は「自然保護公報」に掲載された。職場でのカーソンについて、一九四五年に彼女と同じ部署の勤務となったシャーリー＝ブリッグスは、カーソンの熱心さと、それでいて茶目っ気のある性格のゆえに、たちまち彼女とうちとけ、親交を結ぶようになったと回想している。

第二次世界大戦にアメリカが参戦した頃は、肉は前線に送るため、国内では「肉の代わりに魚をもっと食べましょう」式の宣伝パンフレットなどを書く仕事が回ってきたこともあった。

魚類・野生生物局では「環境保全の行動」(Conservation in Action) という小冊子シリーズが作成され、カーソンはそれらの編集・執筆にかかわった。一九三〇年代に、アルド＝レオポルドは狩猟の対象となっている野生生物の絶滅の危機を訴えていた。そうした尽力もあり、渡り鳥保護法(Migratory Bird Conservation Act) が成立をみた。何百という野生生物の避難所が設置されたが、カーソンの関与した小冊子「環境保全の行動」シリーズは、これらの避難所の意義を説明していた。

野生生物は、人間と同様、生きる場所を必要としています。文明が都市を造り、ハイウェイを建設し、沼地を開拓するにつれ、野生の生活に適した土地は、徐々に減っていきます。野生生物の暮す空間がだんだん小さくなると、その数自体が減退するのです。(スターリング、109)

『われらをめぐる海』の取材中のカーソン (1949年、フロリダ)

カーソンの名前が環境問題の先駆者として知られているのは、『沈黙の春』の影響の大きさゆえだが、彼女がある種の自然保護に関連する執筆の仕事を四〇年代からしていたことも事実だ。それは、お役所仕事であるから、ある種の枠が存在し、自分の見解として表明できる性格のものではなかったのは当然としても、右に引用したような記述をする仕事に、彼女はかかわっていた。そして、カーソンは当時、「だれでも、自然保護には直接的な関心がある」として、次のようなことを書いていた。

漁民や猟師のような人々にとっては、関心は金銭的なことです。他の人々にとっては、十分な自然保護は、狩り、釣り、野生生物の研究や観察、風景写真といったお気に入りの娯楽の保持を意味します。［中略］しかし、すべての人々にとって、野生生物と野生生物の生息地の保護は、人間も動物も生存のために持たなければならない地上の基礎的な資源の保護をも意味しています。野生生物、水、森、草原――これらはすべて人間の本質的な環境の部分を形成するものです。（ハーラン、72〜73）

ここには、環境問題に関する一種の哲学が披瀝《ひれき》されている。

『潮風の下で』のような著作を書くには、自然観察を積み重ねることが不可欠だ。一九四五年頃以降のカーソンの様子を一瞥《いちべつ》してみよう。

ホークマウンテン

一九四五年一〇月、レイチェルとシャーリーはペンシルヴェニアのホークマウンテン・サンクチュアリに出かけた。ここは彼女にとってよほど印象深いものであったようで、『われらをめぐる海』の中に、

私はペンシルヴェニアのある山の頂で白っぽい石灰岩の上に座ったことがある。それは何十、

何百億という小さな海の動物たちの殻でできたものである。かつてかれらは、この場所の上に横たわっていた古代の海に抱かれて生活し、死んでいった。そうしてかれらの石灰質の遺骸が、底に積ったものである。悠久の年月がすぎた後、それらはしっかりと固まって岩となり、やがて海は後退していった。さらに悠久の時が流れた後、その岩は地殻の歪みによって隆起し、そしていまそれは長い山脈の尾根となった、という次第である。（われら、136～137）

とある。また、『沈黙の春』にもこのたか山《ホークマウンテン》の記述が出てくるが、それもこの時の観察に基づくものであったろうか。

たか山《ホークマウンテン》は、ペンシルヴェニア州の東南部にある、絵のように美しい山である。アパラチア山脈の最東部にあたり、西から吹いてきた風はここにつきあたっては、海岸の平地へと吹きおろしてゆく。山にぶつかった風は上昇するため、秋になるとたえず風が吹きあげ、羽のひろいワシやタカは、その風にのって、やすやすと山をこえ、一日に何マイルも南へ向って旅を続ける。たくさんの尾根はたか山で一つになり、そのためここはいわば空中のハイウェイの交差点になっている。だから、北にひろくひろがるテリトリーから、いろんな鳥がこの隘路を通ってゆく。（沈黙、145）

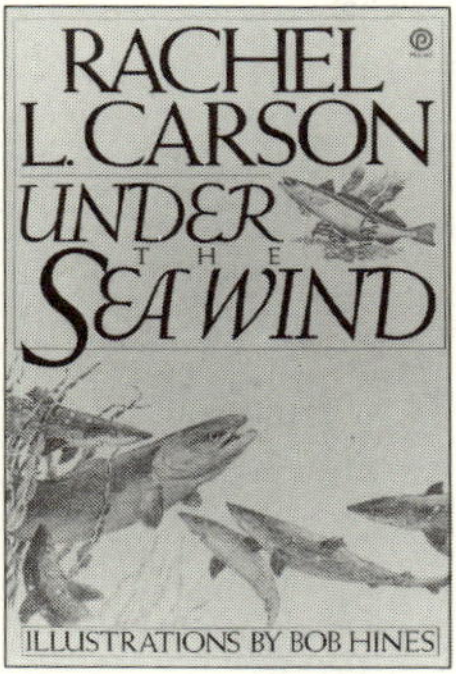

『潮風の下で』の原書表紙（絵＝ボブ＝ハインズ。ホートンミフリン社版）

一九四〇年代半ば、レイチェルはシャーリーとともに、メリーランド州海岸の沖合いの島などに小旅行をこころみた。また、アメリカ合州国西海岸のオレゴン州に出かけたこともあった。四六年には、メイン州の海岸近くに小さな家を借りて母マリアと一夏を過ごした。付近の海や森、そこの生きものたちを心ゆくまで眺めたレイチェルは、シャーリーあての手紙に、「私の最大の野心は、ここで土地を買い、そこで永い間――少なくとも夏の間――暮せるように出来たら、ということです」（B、88）と書いているが、何とつつましい「最大の野心」だろうか。だが、レイチェルにとっては、そこで過ごすことが至福の時だった。

レイチェルは、夜の時間と週末に新聞・雑誌の原稿を書くことは続けていたが、一九四九年、ニューヨークのオクスフォード大学出版会と、新しい本を書くという出版契約を交わした。『潮風の下で』を高く評価したウィリアム＝ビーヴ博士は、海の中のことを一冊の書物として書くならば、海に潜ってみることが必要だとカーソンに勧めた。四九年の夏、彼女は魚類・野生生物局の調査船アホウ鳥Ⅲ世号による調査に事寄せて、五〇人の男性に混じって乗船した。彼女がその船に乗った最初の女性でもあり、女性が複数のほうがよいと判断されたのだろう、カーソンは出版に関するエージェントであったマリー＝ローデルと二人で乗船した。そして、海に潜った。後にカーソンはこの時のことを、「浅瀬の生きものたちの見せる色は、何と絶妙に優美で変化に富んでいることでしょう」と書いていた。

魚類・野生生物局のボブ＝ハインズは、彼女の原稿執筆に必要な膨大な本の手配に奔走してくれた。カーソンは新しい本のどの章も徹底的に推敲《すいこう》し、執筆に心魂を傾け尽くした。

『われらをめぐる海』の出版　一九五一年七月二日、カーソンの『われらをめぐる海』がオクスフォード大学出版会から出版され、この本は発売とともにベストセラーになった。反響はすばらしく、結局この本は、二八の言語に訳されたという。発売後四カ月で一〇万部を売り、『ニューヨーク・タイムズ』のベストセラーのリストに八六週間とどまったこの本は、一時的に爆発的に売れはしても比較的早く忘れられてしまうベストセラーの類とは異なるものだった（現在入手できるこの本の原書・一九九一年版の表紙カバーには、この本が一〇〇万部以上売れたと記されている）。

『われらをめぐる海』は「海の伝記作家」カーソンの描いた「海の伝記」だ。ヘンリクソンのたとえ(45)によれば、もし、ある重要人物について知りたいと考えたらどうするか。図書館でその人物の経歴・伝記を調べるだろう。カーソンにとっては、大洋ほど興味を引くものはなかった。しかし、その経歴・伝記を教えてくれる本はなかったのである。では、自分がそれを書こう。その誕生を、その初期の時代を、その成長と変化を。今日、海はどうなっているか、いかにして今日の姿に至ったかを、ということになった。

カーソンは、後に『われらをめぐる海』の出版の頃を回想して、この本の執筆に実際にかかったのは「たった三年」くらいだが、「ある意味では一生をかけてそれに取り組んできた」と述べている。彼女が生まれたのは海から遠いところで、幼少時に実際に海を見ていたのではないが、大学入学時までにも、海にまつわる本は眼にふれるかぎり読破していた。マサチューセッツ州のウッズホール海洋生物研究所の最初の研修（一九二九年）以降、数回の夏をそこで過ごし、海を眺め、その付属図書室の充実した図書や雑誌にこの上ない興奮をおぼえ、「私の中にある数多くの質問に対し、長い時間をかけて答えを探し出すのが常であった」という。

海についての著述は、彼女の心の中にゆっくりと蓄えられた課題、心の課題だった。そうだとしても、また、海の観察に胸を躍らせた経験は数知れなかったにしても、この本の執筆に至る過程には、幾多の苦しみも伴っていた。彼女の抱いた海に関する疑問を、「科学者たちの書くしばしば無味乾燥で、また極度に専門的な報告のなかに探し求めるという、ただただ平板で、しかもきつい仕事の積み重ね」の連続だったからだ。彼女は、最低でも一〇〇〇部を下らない数の印刷物について調査を行なったのだった。

他方、この本の執筆に際して、「世界中の海洋学者と連絡をとり、また多方面の専門家達とこの本について個人的に討議した」（B、108）が、そのつながりの中で多くの人々から受けた助力は、「まことに心暖まる経験であった」という。

この本は、自然誌（natural history writing）の分野で優れた文学的価値を持った本に与えられるジョン・バーロウ・メダルに輝き、図書出版業界の年次的な表彰である全米著作賞を受賞した。『われらをめぐる海』の出版の前に、マリー＝ローデルのはからいで、その原稿の一部が雑誌『ニューヨーカー』などに掲載されたが、それによる収入は、カーソンの給料の一年分に匹敵するものだった。本として出版されて爆発的に売れたので、カーソンは、一〇年前の一九四一年に出して売れず、版権を買い戻してあった『潮風の下で』を再度出版した。こちらもベストセラーとなった。

ハリウッド映画界も『われらをめぐる海』の人気に着目し、映画会社ＲＫＯがその映画製作権を買い取り、映画化した。カーソンはその出来栄えに満足しなかったけれども、この映画はアカデミー賞のドキュメンタリー部門でオスカー（最優秀賞）を獲得した。

生命あふれる海の叙事詩

このベストセラー作品『われらをめぐる海』第二章は、次のように書き始められている。

あらゆる海のなかで、その表面の水のなかほど、とほうもなく生命の豊かなところは、どこにもない。船の甲板から見降ろしていると、ちらちら光るクラゲの円盤が、見渡すかぎりの海面を点々とおおい、その釣鐘のようなからだを軟らかく脈打たせているのを、何時間も何時間も、見ることがある。

またある朝早く、船がレンガ色に染まった海のなかを通っているのに、気づくこともあるだろう。その海には、何十億、何千億という顕微鏡的な微生物がいて、それらはみんなオレンジ色の色素粒をもっているのだ(26)。

雄大な海の生命力・不思議さ・美しさが、見事に表現されていて、その海に引きつけられて見入っているカーソンの姿が目に浮かぶようである。

地球の形成とその後の海の形成や月の形成に関する記述から始まるこの本には、海流、特定の海域での低気圧の発生、海底火山、大漁場など、海に関連する諸事項が多面的に叙述されている。これらの記述には、当然ながらおびただしい文献が参照されているが、同時に、世間の人の知る海に関する多様なデータ・事件が巧みに記述され、より広い脈絡の中に位置付けられていて、それがこの本の魅力をなしている。たとえば、地球と月と太陽の位置関係とに関連して海氷がおびただしく発生する年があるが、タイタニック号の沈没（一九一二年）は、そうした年だったとか、ヴァイキングの活動は、当時の気候の温暖と不可分だとかいったエピソードが織りまぜられている。過去の事象だけではない。たとえば、英仏間のドーヴァーの白い壁について、

有名なドーヴァーの白い壁は、かの白亜紀の大海進の間に、当時の海に堆積したチョークからできている。このチョーク層は、アイルランドから、デンマーク、ドイツをつらぬいて延び、南部ロシアで、もっとも厚い層をつくっている。

　これらは有孔虫類とよばれる微小な海の生物の殻からできている。そしてその殻は、炭酸石灰のきめ細かい沈殿物で、セメントのように固まっているものだ（138）。

と記述されている。カーソンは、「堆積物は、一種の地球叙事詩である」（102）と書いているが、このドーヴァーの白い壁の叙述に雄大な「叙事詩」を読めると知って感嘆する英米人は少なくないだろう。また、

　ヴァージニアの海岸［中略］に、こんにち陽気に砕けている磯波は、何年か以前には、南極海の氷山の底を洗っていたり、あるいは地中海の太陽の下にきらめいていたものだったかもしれないのである。わたしたちがいま見る場所へ、それは暗く眼に見えない水路を通って、動いてきたものなのだ。世界の海は、深層の隠れた海流によって、一つに結ばれている（198）。

は、さらに壮大だ。カーソンの叙事詩は、マクロ的に壮大・雄大であるだけではなく、ミクロ的で緻密な観察に立脚し、その精巧さが驚きを呼び起こすところを併せ持つ。それは、「知的な認識」ではあるが、同時に「情緒的な認識」（B、120）でもあった。

　さまざまの適応のなかでも、もっとも興味深く、信じ難いほど微妙なものは、ある種の海産動物のリズムが、月のみちかけや潮汐の段階と時間的に一致するようになっていることである。ヨーロッパでは、カキの産卵活動が頂点にたっするのは、満月または新月の二日後に起こる大潮のときだ、ということが確かめられている。北アフリカの海には、満月の夜、しかも明らか

にそのときに限って、生殖細胞を海中に放出するウニがいる（214）。

海に関連した膨大な文献の中から選びとられたこれらの記述の合間には、驚きと喜びに満ちて食い入るように彼女自身が観察したであろう記録も、ちりばめられている。

夏の海には、何千とも数知れない小さな光が、暗い森をホタルの大群が動いてゆくように、点々ときらめくことがある。このような効果は、強いリン光を発するメガニクティファネスという小エビの群れが起こすものだ（47）。

『われらをめぐる海』の興味深い個々の記述にこれ以上立ち入ることは残念ながら断念し、この本の中に、後の『沈黙の春』につながる点を見ることにしよう。

「生物連鎖」の着想

第一に、ここに引用した「ヴァージニアの海岸」以下の文章に、海が「暗く眼に見えない水路」「深層の隠れた海流」によって結ばれているとある点についても言えることだが、エコロジー的な観点が随所に見られることだ。暖かい水、冷たい水、澄んだ水、濁った水、ある種の栄養に富んだ水などが、プランクトンや魚類、クジラとイカ、鳥類とウミガメなどと、「断つことのできない絆《きずな》」で結ばれているという記述や、「食物連鎖」（31など）や「生物連鎖」（194）にかかわる記述もある。この連鎖の考え方は、先に見たように『潮風の下で』にすでに現れていたが、それが『沈黙の春』で占めている大きな役割については、後に見よう。

第二に、ガラパゴス諸島のような大洋の島々に関してではあるが、自然の破壊者としての人間という視点が、限定的ながら登場していることだ。ここでカーソンがとりあげている事例は、インド洋モーリシャス島のハトに似た鳥ドドの絶滅、『千夜一夜物語』シンドバッドに登場するロック鳥に比定される[*1]ニュージーランドの巨鳥モア鳥の絶滅をはじめとして、多岐にわたる。それらの生きものの絶滅に至る過程は、いずれもごく簡潔に描かれているが、これらの島々で滅亡した生きものたちにふれるカーソンの筆は、人間による自然の「デリケートな均衡」(128)や「自然のバランス」(130)の破壊、「森の破壊」を批判して、悲しみの調子を帯びる。そして、アルゼンチンのパンパスの鳥たちのためにささげたW＝H＝ハドソン(一八四一〜一九二二)の悲歌、

美しきものは消え　帰ることなし

がその第七章末尾に添えられている。

第三に、海にあくまで「未知で神秘なもの」を感じている点だ。「深海を探ったり標本をとったりする近代的な装置のすべてをもってしても、わたしたちがついに海のもつ最後の、そうして究極の神秘を解決できるかどうかはだれも、いうことはできないのである」(281)。ここには、人間によ

る自然支配が可能だとするのとは異なる自然観があるが、この自然観は『沈黙の春』につながっていく。

第四に、『われらをめぐる海』の内容の多様性がある。ここに断片的に紹介した論点を含め、海の誕生から、浅瀬から深海に至る生きもの、海流、島の誕生、島での生命の展開、波など、実に多面的に海の諸相が描かれる。今、カーソンが、ドドやモア鳥などの生きものの絶滅に至る過程をいずれもごく簡潔に描き、人間による「自然のバランス」の破壊を批判したと書いた。その叙述は、量的には一〇頁にも満たないとはいえ、そこに圧縮されて簡潔に記述された幾多のケースは、いずれも独立の科学論文たりうるものだろう。そうした記述の厚みが、カーソンの著作においては、無味乾燥にも極度の専門性にも陥らせず、『われらをめぐる海』の測り知れない魅力の源泉となっている。膨大な文献を参照しつつ、特定の領域に記述を限定せず、多様に論を展開して、問題とする対象を重層的に解明して行くこの仕方は、『沈黙の春』において再び現れることになるだろう。

第五に、カーソンの文体の問題がある。

組み込まれた文学

『われらをめぐる海』の魅力の一つには、文学に深く親しみ、詩人をこころざしたほどのカーソンの文章・文体の卓越性がある。それは、海というテーマを潤いのある文章で表現した筆力でもある。この卓越性・筆力の基盤となった、文学への彼女の深い愛着の一端は、『われらをめぐる海』各章のはじめに置かれた、海に関連する断片にも見ることができる。それらは、『旧約聖書』の創世記・ヨブ記やホメロスから、ミルトンやシェイクスピアを通って、ハーマン＝メルヴィルやマシュー＝アーノルド、シェリーなどに至る作品などからの、短いが各章の内容を暗示する引用だ。

本文中には、『闇の奥』で知られるジョセフ＝コンラッド（一八五七〜一九二四）の、「とほうもなく広い灰色の海面」「風の吹きすさぶ海」を描いた一文もある（われら、50）。また、『われらをめぐる海』の末尾には、「すべてこの世にあるものは、最後には海へ――あたかも永遠に流れてゆく時間の流れのように、ものの始まりであるとともに終わりである海洋の川、かのオケアヌスへと帰ってゆくのである」とあり、『イーリアス』にも登場するギリシア神話のオケアヌスへの言及で結ばれている。

カーソンは、美しい海だけを描いているのでは無論なく、「潮汐の凶悪な一面」をも書き込んでいる。読む者の心胆を寒からしめるエドガー＝アラン＝ポーの小説「メエルシュトレエムに呑まれて」が、『ノルウェー北西および北岸航海指針』の記述に照らせば、「ポーの豊かな想像の産物」という面も持ちつつ、基本的には事実の記述だというカーソンの指摘（211）は、海の「凶悪」さを恐怖感を伴いつつ感じさせる。[*2]

しかし、この本の魅力のより根本的な理由は、文学の引用にあるというより、カーソンが彼女の仕事を、究極的には人間自身を理解するためのものだと位置付けていたことと関連するだろう。

科学の内容は、生活そのものの中身にほかなりません。科学は現実の生活の一部分を構成しております。それは、私どもの経験の中のあらゆることがらについて、それが何であるか、どうしてかといった問いに答えるものであります。環境と人間を肉体的、ならびに精神的に作りあげた力を理解することなくして、人間を理解することは不可能です。

科学の目的は、真実を発見し、明らかにすることであります。そして私の考えでは、伝記、歴史、小説のいずれであろうとも、文学の目的はそれと同じであると思います。ですから、私には科学に関する文学という別個のものはあり得ません（B、135～136）。

この本は、海の横顔を忠実に描写するという専門性を持った著作ではあるが、それが人間理解につながるという意味で、狭義の専門性を越えた普遍性を持ち、それがこの本を読む者の気持を深くとらえる理由になっている。このカーソンの言葉は、人間理解には「環境」と「人間を作りあげた力」との理解が不可欠だという観点――一種の自然哲学的観点――を提起していて、後の『沈黙の春』との関連においても興味深いところである。

『われらをめぐる海』賛

「海の伝記作家」とは、カーソン自身による自己規定だが、彼女の自然科学者としての側面と文学への深い愛着とが渾然《こんぜん》一体となっている彼女の諸著作を特色付ける言葉でもある。批評家ジョージ＝スタイナーは、カーソンの『われらをめぐる海』（一九五一年）の散文を高く評価している。その多くの著作が日本でも翻訳・紹介されているスタイナーは、『言語と沈黙』（一九六七年）所収の一論文の中で、第一次世界大戦後の世界的な小説の興隆と第二次世界大戦後のその沈滞とを対比し、第二次大戦後は「小説形式の技法やしきたりが心理的、社会的、科学的資料の提示のために利用される一時期」にあるのではないか、と書いている。そのうえで、「小説から影響された文体の純然たる特徴や暗示力という点」での「過去一〇年間の英語の散文」の傑作として、彼は三冊を挙げているが、その一冊がカーソン『われらをめぐる海』なのである。*3

『われらをめぐる海』を高く評価するもう一冊の本がある。一五年にわたる分裂病者の治療体験を踏まえたハロルド＝F＝サールズ『ノンヒューマン環境論』（一九六〇年）は、精神分析的研究は人間だけでなく、生物や無生物さえも含めたノンヒューマンな環境全体にもかかわる必要があるという主張を展開し、多くの臨床記述を併せた本だ。*4 つまり、人格の発達・人間の心理的生活にとって、ノンヒューマンな環境は、最も重要な基本的要素の一つだというのである。

サールズは、臨床記述に先立つ理論的な部分を述べる際、カーソンの『われらをめぐる海』に言及し、その第一章には、「すべて人間は宇宙の中に存在しているだけでなく、その一部である」という趣旨が、極めて美しく伝えられていると言う。『われらをめぐる海』は、「人類の歴史の美しくも感動的な描写」であって、そのゆえに「われわれの内なる奥深いところの琴線をかき鳴らし」すと彼は見る。カーソンは「ノンヒューマンな環境」と人間とが奥深いところでつながっている理由を描き出した、と見たのだ。この本に描かれた自然と人間の緊密な関係という主題が、美しい文章と相俟《ま》って、この本をベストセラーたらしめた、とサールズは書いている。

一九六〇年に出版されたサールズの本には、『沈黙の春』のことが触れられていないのは当然だが、その論を延長すれば、次のように言えようか。

自然と人間の親和的な関係を、その本源的な姿で描いたのが『われらをめぐる海』であり、そこにたたえられた深い魅力によって読者を興奮させたとすれば、その関係の破綻や破壊を、これまたその本源的な姿で描き、読む者の不安をかきたて、その胸に怒りの火をつけたのが『沈黙の春』だった、と。

小説家と科学者と

『潮風の下で』と『われらをめぐる海』は、海にかかわる著作だという点で共通しているが、そのニュアンスを異にしている。二つの作品の性格を考えるために、他の動物観察者、ハドソンとローレンツの場合と比較してみよう。

アルゼンチン生まれの博物学者・小説家のW＝H＝ハドソンは、日本でも『ラ・プラタの博物学者』『緑の館』『鳥たちをめぐる冒険』『はるかな国とおい昔』などの著作で知られ、先に述べたように、カーソンも『われらをめぐる海』第七章末尾で、「ハドソンの悲歌」に触れている。『緑の館』のような小説は別として、『ラ・プラタの博物学者』や『鳥たちをめぐる冒険』[*5]を見ると、確かに、これらの本がハドソンの徹底した観察に基づいていることは明らかだ。しかし、ハドソンの目は、時として「個」としての動物に注がれ、その運命を語る彼の本はあたかも小説のようであり、たとえば、『鳥たちをめぐる冒険』第七章「動物の友情」末尾に出てくる白鳥の話などはそうである。

それに対し、しばしばカーソンの著作をひきあいに出したローレンツの場合はどうか。[*6]たとえば彼の『ソロモンの指環』第五章「永遠にかわらぬ友」は、コクマルガラスの話で、彼がブラウゲルプ（青黄・オス）とかリンクスグリューン（左緑・メス）などと名付けていたカラスの行動と運命を語る。ローレンツの語るこのオスとメスの「失踪（?）」事件は、やはりほとんど小説のようではあるが、しかし、これを小説と読む人はいないだろう。また、誕生後、最初に見た顔を母親と思う習性を持つハイイロガンに、最初に顔を見せてしまったため、ガンのヒナに母親と間違えられ、そのガン（マルティナという名前の）と徹底的に「付き合った」話は、短編喜劇のようだが、やはり文学ではなく、彼の動物行動学の書である『攻撃』のような著作と同質のものだろう。

ハドソンとローレンツの違いはどこにあるか。ここで着目したいのは、両者の鳥に寄せる愛情の深さや観察の緻密さの差異ではない。ハドソンの目が、この場合、あくまで特定の白鳥の運命・行く末に注がれていったのに対して、ローレンツは、固有名詞をもったコクマルガラスの運命やガンの子マルティナを語ってはいても、普通名詞としてのコクマルガラスやガンの研究・観察をしているという意識を強固に維持し続けている点にある。

このような区別をすると、『潮風の下で』のカーソンは、ローレンツによりはハドソンに接近しているのではなかったか。後の一読者が仮定・空想しても詮無いことではあるが、もし『潮風の下で』が、その出版当初から売行き良好だったなら、それに続く作品も小説的な色彩を持つものになったかもしれない。とすると、『われらをめぐる海』や『海辺』、さらには『沈黙の春』のような作品は生まれただろうか。『潮風の下で』の出版から約一〇年の間、海に関する膨大な文献に彼女は取り組んで、『われらをめぐる海』を出版した。その散文がいかに優れているにせよ、また、この作品が文学作品の引用によって飾られているにせよ、『われらをめぐる海』は、小説的なものではいささかもなく、科学者カーソンの作品であった。この特色は、『海辺』では彼女の長期にわたる海辺の観察の成果を交える形で展開され、『沈黙の春』につながっていく。カーソン自身は、『海辺』出版の後も、『潮風の下で』に特別の愛着をもっていると語ってはいた（B、44〜45）が。

いずれにせよ、カーソンの著作には緩んだところが微塵《みじん》もなかった。その文章は、どの一節であれ、恐らくは徹底的に推敲《すいこう》され無駄を削ぎ落とされ、しかもさまざまな含みを伴いつつ、そこで表現しようとするものを的確に描き出していた。こうして、カーソンの散文は、どれをとっても一級品なのであった。

『海　辺』

フロリダの湿原で

カーソンは、五一年の『われらをめぐる海』出版の後、長期の休暇をとり、観察旅行をした。アメリカ合州国大西洋岸の最北メイン州の海岸から南はフロリダ・キーズまで、彼女の調査の足は延びた。その時の様子を彼女は書いている。

イソギンチャク、カニ、その他の多くの生き物の集落と仲好しになりました。私は、午前中をこの近くの浅瀬で過し、人っ子一人いないところで、膝まで水につかって歩き廻りました。とても楽しかったのですが、そうしている間に足はすっかりふやけてしまいました（B、133）。

というのだが、われを忘れて生き物に見入る姿が眼に浮かぶようだ。彼女が一九五五年に刊行した『海辺』の「第四章　サンゴ礁海岸」や『沈黙の春』のフロリダにかかわる記述には、この時の観察の成果が反映しているのだろう。

フロリダ・サンゴ礁を端から端まで歩いた人は誰でも、空と海と、マングローブに覆われた島々が点在する独特なたたずまいに感動する。それほど、このサンゴ礁の雰囲気は変化に富み、強い印象を抱かせる。［中略］色彩豊かな海底の庭園をボートの上から見下ろすと、そこには熱帯特有の豊潤さと神秘性があり、生命が躍動している。またサンゴ礁やマングローブの茂る湿地帯は、たなびく霞の中に未来を予言するかのように拡がっている（海辺、234）。

『海辺』第四章は、まさに生命の躍動する独特のたたずまい、その豊潤さと神秘性を印象深く描く。その躍動をいとおしむカーソンの文章を楽しんだ記憶を残して、『沈黙の春』の「九　死の川」の記述に接すると、名状しがたい悲しみにおそわれる。

塩性湿地、河口、静かな入江に殺虫剤がどういう影響をあたえるか、そのもっともよい例はフロリダ州の東海岸、インディアン川河口地帯だ。［中略］シオマネキ——牧場で草を食う牛のように群れをなして干潟や砂原の上を動いている、絵のように美しい甲殻類シオマネキは、［殺虫剤の散布に——引用者］どうすることもできなかった（沈黙、177〜179）。

しかし、カーソンがこの哀慟《あいどう》の言葉を記すのは、なお後のことである。

職を辞す

休暇に入った後、論文や著作による収入に接して、文筆に専念することも可能だとカーソンは考え始めた。昼間は職場で仕事、夜と週末に執筆という生活には戻れないとカーソンは判断し、思い切って公務員を辞した。辞職が承認されたのは一九五二年六月三日、『われらをめぐる海』の出版からほぼ一一カ月の後であり、一六年ほどの役所生活だった。定期的な収入を得ることができる職を抛《なげう》つのには不安もあったろうが、「すべての時間を文筆に注ぎ込むため」に、彼女は決断した。

カーソンの生涯の転換点には、断固たる印象を与えるところがある。大学時代の文学から生物学への専攻の変更、就職に際してのヒギンズへの打診、そして辞職。この決断は、『沈黙の春』の執筆に踏み切る際に再び発揮されることになる。

翌五三年、彼女はメイン州のブースベイ・ハーバーに面したウエスト・サウスポートの海岸に、一・五エーカーの土地を買い求め、平屋の別荘を建てた。彼女の抱いていた「最大の野心」は、こうして実現した。メイン州の海岸は、カーソンの実験室であり、サンクチュアリであり、情報と発想の源泉だった（ヘンリクソン、58）。

彼女は、収入を確保するためなら手段を選ばずというような振る舞いはしなかった。一九五六年頃、カーソンは、「膨大でほとんど百科事典のような」自然に関する名文選を出版することを目論んだ。こうした選集を編むのに、彼女はうってつけの人物だろう。しかも、そこで得た収入は、ある土地の自然を永く保護すべく、その土地の買い取りに使おうということだったというから、何らやましいところはないように見える。しかし、ブルックスによれば、「彼女は世の中の大多数の人びとが、彼女がみずからの独創的な活動に代えて、金儲けのための名文選集に熱をあげ、彼女の才能を商業化しているとみるだろうということに気がついていた」(B、207)。自然に関する名文選集を作ることには意味があろうし、そう考えることは一つの見識には違いない。しかし、それを自己の才能の商業化だとみなすことは、さらに深い見識であり、その判断ゆえに名文選集の企てを断念したのは、現代のような世界では稀有《けう》なことであろう。

『海辺』の発端

カーソンは、職を辞して得た時間を、観察と読書と執筆とに費やした。そして、一九五五年、『海辺　生命のふるさと』を出版した。この本が企画されたきっかけを、ポール＝ブルックスは次のように説明している。

当時、ホウトン・ミフリン社の編集者であったロザリン・ウィルソンに招かれた客が、ある日曜日の朝、彼女の家に近いコッド岬の外側の浜辺を散歩していた。彼らは有名な文学者達ではあったが、生物学的な素養にはいささか欠けるところがあった。明らかに前夜の嵐で打ち上げられたと思われるカブトガニが、浜辺にいっぱいいるのを見て、彼らは良心的にこのカニを海へ戻してやった。しかし、この人たちが慈悲深い行いと思ってしたことは、実は正常な配偶行為への妨害に通じていたのである。月曜の朝出勤したウィルソンは、このような愚を二度とくり返させないようにするため、海辺の生物に関する素人向けの入門書を書くことができる作家を見つけたらどうかと編集主幹に進言した(B、156〜157)。

結局、カーソンにこの話が回り、『海辺』が書かれた。この本は、「素人向けの入門書」とはいえ、どの一節も味読に値する。『海辺』が書かれてから四〇年以上を経たが、今書かれたばかりのように印象鮮やかだ。

カーソンはメイン州の別荘近くの海岸を歩き回り、潮だまりなどを観察していた。夏の休暇中の隣人となったフリーマン夫妻も自然観察の愛好者で、カーソンはこの夫婦と親しくなった。『海辺』は、「私とともに干潮の世界に踏み行って、その美と神秘とに感じ入った」ドロシー＝フリーマンとスタンリー＝フリーマンとに献《ささ》げられた。[*7]

海の生物学的様相

『われらをめぐる海』も『海辺』も「海の伝記」だが、地球や海の誕生から論を始める前者は主に海の「物理学的様相」を、後者はより多く自身の観察を交えつつ主に海の「生物学的様相」を描いている。職を辞し、いささかの時間的余裕が生じたことが、「地球上で演じられる生命のドラマが幕開けした」（「海辺の世界」）海辺の観察をより多く盛り込んだ『海辺』のような著作を可能にした。

彼女は、機会を見つけては海を観察していた。ワシントンに勤務していた頃には、そこから遠くないチェサピーク湾に調査に行くことも少なくなかっただろう。『潮風の下で』「第六章　春の回遊」は、そのチェサピーク湾付近の記述から始まっている。『海辺』序章には、ジョージア州の広大な浜辺を黄昏時《たそがれ》に歩いたことが記されている。五四年に、彼女は、「いま私がしているように、海辺について本を書くということは、大好きな場所で長時間過す口実を与えてくれます。潮が退いた後の世界ほど、私を興奮させる場所は他に考えられません。早朝、潮がひいて行くと、あたりは潮の香や水の音、うすもやでみたされます」（B、163）と述べていた。

アメリカ合州国東海岸のいくつかの地点での周到精密な観察の集積を一方の背景に、さまざまな研究報告書・記録の研究を他方の背景に、カーソンは『海辺』を書いた。なぜ、東海岸だったのかの理由は、経済的な事情で遠隔地に出かけにくかったという事情もあろうが、この本の「まえがき」に述べられたアメリカ東海岸の独自性にも関連している。

地球上の海岸は、三つの基本的な形に分けられる。岩がごつごつとした岩礁海岸、砂浜、サンゴ礁と、それらの特徴をあわせもった海岸である。それぞれの海岸は、特徴のある動植物相をもっている。アメリカの大西洋岸は、これらの三つのタイプをはっきりした形で見ることができる、世界でも数少ない場所の一つである。

『海辺』は、「序章　海辺の世界」「第一章　海辺の生きものたち」「第二章　岩礁海岸」「第三章　砂浜」「第四章　サンゴ礁海岸」「終章　永遠なる海」となっているが、「三つのタイプ」が一章ずつを構成する形になった第二章〜第四章が量的にはほとんどを占めている。

『海辺』の記述は、広範にして厳密なる観察に立脚してはいるが、同時にそこにはカーソンの感情が深く盛り込まれてもいる。その「まえがき」に、彼女は次のように書いている。

　私は、生物と地球を包む本質的な調和によって海辺を解説しようと試みた。序章を書いているとき、かつて訪れた場所の数々の思い出が私を深く興奮させた。海辺がいかに美と魅力に溢《あふ》れた場所であるかについて、思考と感動のいくつかを述べた。

観察者カーソン

「かつて訪れた場所の数々の思い出」は、抒情的《じょじょうてき》に描かれているのでは無論ない。波の力によって岩礁海岸に造られた洞窟の中にできた潮《しお》だまりを、「腹這《ば》いになってのぞきこむ」経験や、「小さなボートに乗ってサンゴ礁へ漕ぎ出し、底にガラスを嵌めた箱で海の中をのぞいて」見たことなどが想起されている。だが、眺めているばかりではない。「十分な忍耐力と観察力」をもって、「サンゴ礁の浅瀬でロガーヘッドカイメンを開いて」みたり、「アメフラシの下へ手を滑りこませ、そっと近寄せて正体を確かめる」時のことなども想起されている。そのカイメンを開いた時、中にいた琥珀色《こはくいろ》のエビがパチンパチンパチンとはさみを鳴らしながら逃げていったこと、夕暮れになると、至る所からそのパチンパチンという音が聞こえてきたことが描かれている部分を読むと、それを聞いた経験のない者にも、サンゴ礁海岸の引き潮時の浜辺の様子が想像できるような思いにとらわれる。

観察者がその記録の至るところに顔を出すというこのような記述の仕方を、慎みのないもののよ

引き潮の海辺でのカーソン

うに考える人がいるかもしれない。しかし、ファーブルの『昆虫記』に、ファーブルが少しも登場しないとしたらどうだろうか。また、カーソンは、『沈黙の春』では、チャールズ＝ダーウィンの最後の著作『ミミズと土（ミミズの作用による肥沃土の形成およびミミズの習性の観察）』[*8]（一八八一年）に言及しているが、この著作にも、ミミズの行動に驚いたりさまざまな疑問を抱くダーウィンの様子がしばしば描かれている。このように見れば、『海辺』におけるカーソンの記述の一面は、博物誌の伝統的なスタイルと別のものではなかったと言えよう。

『海辺』の特色

『海辺』の特色として第一に挙げられるのは、その生態学《エコロジー》的視点である。『潮風の下で』『われらをめぐる海』『海辺』のいずれにも生態学的考察が通奏低音のように存在していることは、『沈黙の春』で突如エコロジストが誕生したのではないことを雄弁に物語るものだ。たとえば、フロリダ南西部のサンゴ礁海岸のマングローブの森に関して、カーソンが書いているところを見よう。

潮が満ちてくると、海水はいちばん奥のほうの木の根まで浸し、沼沢地全体にあふれ、同時に多くの小さな移住者——遠い沖にすむ海の生物の幼生たち——も運んでくる。長い年月のうちに、これらの生きものの中には、生きていくのに都合のよい環境を見つけ、それに適応してしまったものもたくさんある。マングローブの根や幹の間にいるもの、潮間帯の軟らかい泥の中にすむものもあり、また湾の深いところの海底にいるものもある。マングローブは、このような場所に育つ唯一の樹木であり、また唯一の種子植物だろう。そして、そこにいる動植物はすべてマングローブとの生物学的な絆によって結ばれているのだ（300）。

この絆とは、たとえば、マングローブの根にカキが付き、潮の引いた夜には、そのカキをアライグマが食べるといった関係であり、また、「何十億という数のサンゴ礁の動物は、生きるために必要なものを海からすくいとり、橈脚《とうきゃく》類や巻貝の幼生、小さなゴカイなどをすばやく代謝して自分の体の組織に変えていく」（303）という過程でもある。そして、「海流は、ただの水の流れではなく、無数の生物の卵や幼生を運ぶ生命の流れなのである」。カーソンはここに、「圧倒的なまでの生命の力」と「生命の神秘」を見ている。

入り江を眺めていた私は、海辺というこの境界領域で、陸と海が絶えず入れ替わり、両方にすむ生物が互いに深いかかわりをもっていることを強く感じさせられるのだった（18）。

という記述も同様だ。このような生態学的視点が、後に『沈黙の春』においても大きな役割を演ずることになる。

『海辺』の第二の特色は、海辺の様相がいとも美しく描写されている点だ。岩場のさらに奥まった静かな潮だまりは、波が入ってきてかきまぜられることもなく平和そのものだ。カニは岩の壁を横につたい歩き、はさみを忙しく動かしてはその感触で食物のかけらを探している。潮だまりには、微妙な色合いの緑や黄土色、ヒドロ虫類の真珠のようなピンク色が散りばめられている。ヒドロ虫類は、壊れやすい春の花園のように立っている。ツノマタのもつ青銅色の金属的なきらめき、サンゴ色の藻類のバラのような美しさが、潮だまりいっぱいにあふれている（63）。

『海辺』におけるこのような美しい描写は枚挙にいとまがないが、同様のことは『潮風の下で』『われらをめぐる海』についてもある程度あてはまる。自然の美を賛美する感情が深ければ深いほど、自然への愛着がこまやかであればあるほど、自然の精密な観察の時間を至福の時間と思えば思うほど、そうした感情は、自然が破壊された場合の反発と怒りを強烈にする条件となるだろう。『沈黙の春』において、自然の破壊者へのカーソンの批判がしばしば激烈になったのは、そのためだといえよう。

『海辺』の第三の特色として、「生命の神秘」という言葉が示すように、自然界の真理は認識し尽くせないという意識があるのだが、この意識が『われらをめぐる海』にも存在することはすでに触れた。

『海辺』は、全米大学婦人協会から功労賞を授与され、合州国婦人評議会から、この一年間の傑作として表彰された。

『海辺』出版の後

カーソンは、「空についてのことども」というテレビ番組の原稿を依頼され、執筆した。それは、一九五六年三月一一日に放送された。

また、『ウーマンズ・ホーム・コンパニオン』という雑誌に、「あなたの子どもに驚異の眼をみはらせよう」という論文を寄せ、これは五六年八月に出版された。カーソンはこの論文をふくらませて単行本にする計画を持っていたが、実現されず、彼女の死後に、『センス・オブ・ワンダー』として刊行された（次項参照）。

同じ一九五六年、カーソンはカーチス゠ボックと親交を持つに至った。カーチスはペンシルヴェニア最高裁判所の準判事となった人だが、彼は『海辺』を読んでカーソンに手紙を送った。その中には、「私は生物たちと友好的に共存しようというあなたの意図が紙面に光り輝いているのを強く感じます」（B、198）とあった。

力を込めて書き上げた論文や著作について、単に儀礼的な挨拶《あいさつ》状《じょう》でなく、その意図を深く汲み取った批評を寄せてもらうのは、いかに短いものであっても、何ものにも替え難い喜びだ。カーチスのこの手紙は、カーソンにとって最高の賛辞だったろう。

ボック夫妻は、メイン州のカーソンの住まいを訪ねもし、頻繁に手紙のやりとりをするようになった。こうした形で親交を結んだ人々とのネットワークは、後に『沈黙の春』の成立にも大きな役割を演じた。それは、契約による実務的な関係でなく、個人的な信頼に基づく人間関係だった。ボックとカーソンとの間には、自然保護計画に関連した法律的・事務的な経験の交流もなされていた。この点は、カーソンの自然保護に関する発言を、世間知らずの科学者の発言と考えたり、妙に文学的な言説と見なしたりすることがまったく適切でないことの傍証となろう。

ここで「自然保護計画」といったのは、カーソンがある浜辺とそこに隣接する林とを、保護区域を作るために買い取るという計画を持ったということだが、彼女はこの計画をカーチス＝ボックに相談したりしていたのである（B、205）。

しかし、実際にはこの「計画」は実現しなかった。[*9] というのは、文筆で生計を立てていかねばならなかったカーソンは、八八歳になる母親だけでなく、二人の姪のめんどうを見なければならなかった。さらに、一九五七年二月、病弱だった姪《めい》のマージョリーは死去し、その五歳の息子ロジャーが残された。マージョリーとごく親しくしていたレイチェルは、このロジャーを養子としたが、それは母親の役割を引き受けるということでもあった。ロジャーを引き取ることは、生活上の困難を伴う面ももちろんあった。しかし、それは喜びももたらした。そのロジャーとの生活の一端を、カーソンは『センス・オブ・ワンダー』の中に書いていた。

『センス・オブ・ワンダー』の意味　カーソンの『センス・オブ・ワンダー』は、彼女の死後、一九六五年に出版された。その冒頭の一節は、すでに引用した。この本の意図についての優れた注釈は、カーソンのこの著作を直接に念頭において書かれたものではないにせよ、ローレンツの次の言葉だ。彼は、「退屈」によって苦しめられる思春期の若者に関して、

意味喪失というこの絶望した感情は、多くの若者たちの場合、有機的創造物がどんなに美しいかを彼らが見る機会のまったくないというところから生じているらしい。［中略］大都会の密集地帯に育った若者は、有機的創造物の美と調和を知るようになる機会をほとんどもたない。[*10]

というのだ。『センス・オブ・ワンダー』は、まさしく「有機的創造物」つまり生きものや自然の「美と調和」に接することの大切さを語っているといえる。

ここでの文脈からはやや派生的になるが、スタイナーは、文学の重要な一側面として「自然界との親近性の問題」、つまり、「自然界にあるものの名と姿とに親しむこと、たとえば花や木の名を知り、季節のめぐりや星の出入りを知ることが強いられた学習でなく、個人的な親しみとなっているかどうかという問題」を論じている。

われわれの文学の主要なエネルギーはこうした一連の自然物の知識から生まれている。しかし、

自然から隔てられて室内的となり、金属的な響きをたてるわれわれの感受性にとっては、逆にこうした自然物のほうが多分に人工的、装飾的なものに感じられてしまう。[*11]

というのである。確かに、シェイクスピアを例にとれば、その「鳥類学」で一冊の本ができるくらいで、スタイナーの論の典型例のようである。[*12]

スタイナーのいう自然界との「親近性」を十分にそなえていたジュリアン＝ハックスリーは、『沈黙の春』（ペンギン）への序文で、「英国における合成殺虫剤の大量使用（mass use）のもたらした最も顕著な結果は、おびただしい蝶の事実上の消失だ。［中略］主なエサである虫たちが殺されたために、カッコウを目にすることはごく稀《まれ》になってしまった。鳴鳥たちは、エサになる昆虫や幼虫の不足という被害を受け、生き残った虫に蓄積された毒のために苦しめられている。田舎の低木の生け垣や道端や草地から、見慣れた愛らしい花々が次々と失われている。事実、レイチェル＝カーソンの本を読んで私の弟のオルダスが言ったように、英詩に歌い込まれてきた主題の半ばをわれわれは失いつつあるのだ」と書いている。

このハックスリーの言葉をそんなことたいしたことじゃないと感ずるのは、「自然から隔てられて室内的となり、金属的な響きをたてる」感受性というものだろう。

注

＊1――ロバート＝シルヴァーバーグ『地上から消えた動物』佐藤高子訳、ハヤカワ文庫、一九八三年。
＊2――『ポオ全集』東京創元社版、第二巻、所収、小川和夫訳、一九六九年。
＊3――ジョージ＝スタイナー『言語と沈黙』下巻、由良君美他訳、せりか書房、一九七〇年、375～376頁。スタイナーの著作のうち日本語訳のあるものに、『アンティゴネの変貌』『ハイデガー』などがある。
＊4――ハロルド＝F＝サールズ『ノンヒューマン環境論　分裂病者の場合』殿村忠彦・笠原嘉訳、みすず書房、一九八八年。
＊5――ハドソン『ラ・プラタの博物学者』岩田良吉訳、岩波文庫、一九七五年。『鳥たちをめぐる冒険』黒田晶子訳、講談社学術文庫、一九九二年。
＊6――ローレンツ『ソロモンの指環』日高敏隆訳、早川書房、一九七八年。
＊7――ドロシー＝フリーマンがカーソンと取り交わした膨大な書簡は、五〇〇頁を越える大著として出版されている。巻末の「参考文献」を参照されたい。
＊8――ダーウィン『ミミズと土』渡辺弘之訳、平凡社、一九九四年。
＊9――現在では、メイン州の海岸の一部が「レイチェル＝カーソン海岸」として野生保護地区になっている。カーソンの遺言の延長線上での措置である（B、208）。
＊10――ローレンツ『人間性の解体』前掲、218頁。
＊11――スタイナー『青鬚の城にて』桂田重利訳、みすず書房、121頁。
＊12――ジェイムズ＝E＝ハーティング『シェイクスピアの鳥類学』関本栄一・高橋昭三訳、博品社、一九九三年。

III 『沈黙の春』

発端

合成農薬――敗戦直後の日本で　『朝日新聞』一九四五年九月一〇日付に、「今次大戦の産物　あちらでは瓶詰も売つてゐる　米軍の殺虫油ＤＤＴ」という記事が出ている。ＤＤＴに言及した最もはやい時期のこの記事は、

本社台北特電によれば沖縄の米軍は飛行機で低空から殺虫油を撒き米兵は帳蚊も吊らずに寝てゐるさうだし、また［東京］立川進駐の米軍も蚤、蚊退治のため近く空から殺虫油を撒く旨通達してきた、この殺虫油はＤＤＴと呼ばれる薬品で今次大戦中の産物である、戦時中米陸海軍専用だつたが最近では民間用にも開放され、大きな効果を収めてをり、またＤＤＴのほかに三種の新型殺虫剤の研究も同じく米陸海軍部内で進められてゐる、米「タイム」誌八月二十五日号にはこれらの効果につき左のやうに報じてゐる

△ミシガン州ヒューロン湖の観光地マツキナツク島にＤＤＴを一面に撒いたら驚くべき結果が

> 現れた、馬車屋は生れて始めて馬から蝿よけ網を取外し、住民は蝿よけを燃してお祭騒ぎを
> やつたといふ

と報じているが、まるで魔法の薬である。

同紙四六年二月二一日付には、「発疹チフス天然痘　帝都に百廿五名」という記事が、「連合軍も応援　DDT噴霧器出動」という小見出し付きで出ている。「蔓延《まんえん》している発疹チフスの撲滅を期して厚生省では今度連合軍の協力の下に徹底的な防疫陣を布く」として、米軍からのDDTの大量供給やその使用に関する技術指導を受けたことが報じられているが、さらに同紙四月二六日付には、都の場合、発疹チフスの蔓延地で「DDTを拒むと科料に」という記事が出ている。

DDT

『海辺』の出版の七年後、カーソンは『沈黙の春』を出版した。カーソンにとって、右のように報じられるに至ったDDTがまさに問題であった。『沈黙の春』には、

> DDTは、一八七四年にドイツの化学者がはじめて合成したものだが、殺虫効果があるとわかったのは、一九三九年のことである。たちまち、昆虫伝播疾病《でんぱしっぺい》の撲滅、また作物の害虫退治に絶大な威力があるともてはやされ、発見者パウル＝ミュラー（スイス）は、ノーベル賞をもらった。[*1]
>
> いまではDDTの使われていないところはないと言ってよく、だれもが無害な常用薬のつもり

でいる。DDTが人間には無害だという伝説が生れたのは、はじめて使われたのが戦時中のシラミ退治で、兵隊、避難民、捕虜などにふりかけたことも影響している。大勢の人間がDDTに直接ふれたのに、何も害がなかったので、無害だということになってしまったのである。事実、粉末状のDDTならば、ふつうの炭化水素の塩素誘導体と違って、皮膚からなかへ入りにくい(31)。

とある。ここだけ読めば、何の問題もないように見える。だが、先に引用した新聞記事(四五年九月一〇日付)にも、『タイム』の紹介記事として、陸軍機がニュージャージー州の一部にDDTの散布をしたが、「この時は新薬のため魚が死ぬことが分つた、折から七月の濠雨で蚊の数は平時の何倍にも上つてゐたが、一週間後の成績は散布地域一万エーカー、殺された蚊数千万匹に上つた」とも報じられていた。「殺された蚊数千万匹」に対して、どの程度の数かは不明ながら魚が「死ぬ」ことも気付かれてはいた。

日本でもこうした新聞記事が出ていた時点から、十余年の歳月が流れた。

『沈黙の春』の発端

一九五七年、マサチューセッツ州は、蚊の撲滅のために、ある地域で飛行機を使って農薬を散布した。その時に薬剤を散布された地域に、カーソンの友人オルガ゠ハキンズが住んでいたのだが、彼女の夫はその自宅近くに小さな私的鳥類禁猟区を持っていた。薬剤散布によって、この禁猟区で小鳥がたくさん死んだ。オルガは怒り、事の次第を『ボストン・ヘラルド』紙に訴えた。そして、その訴えの写しを手紙を添えてカーソンに送ったのだが、これが彼女が『沈黙の春』を書くきっかけとなったのである。この手紙についてカーソンは後に回想して書いている。

すべての事がらのきっかけとなったのは、新聞への投書の写しではなくて、あなたが私に宛てた私信でした。そのなかで、あなたはどのようなことが起こったかを伝え、そして新しいより大規模な散布の見通しについてどのように感じておられるかを語りました。それとともに、誰かあなたを援助できる人をワシントンに見つけるよう私に依頼されました。その「誰か」を探し求めるためにこそ、私は本を書かなければならないと自覚したのです（行くえ、31）。

しかし、カーソンが農薬の問題を意識するようになったのは、この時が初めてではない。すでに、一九四五年七月一五日――それはアメリカが最初の原爆実験に成功する前日であったのだが――、DDTの危険性について、彼女は『リーダーズ・ダイジェスト』誌の編集者に手紙を送っていた。

実は、メリーランド州の私の家の近くで異常に興味をそそる重要な実験が行われています。私たちは誰も、害虫を絶滅する上でDDTが貢献することを、いやというほどきかされて来ました。パトクセント野生生物研究センターの実験は、DDTが広範な地域に散布された場合、どのような副次的な効果があらわれるかを調べるために計画されて来ました。DDTは有益な、あるいは絶対に必要な昆虫にどういう影響を与えるのだろうか。昆虫を食べて生きている水鳥や、他の鳥たちにどういう作用を及ぼすか。もしも、不用意に使われるならば、自然の微妙な全体的なバランスをくずすのではないだろうか、という点についてです（B、223）。

ここにはすでに、農薬を一〇〇パーセント礼賛するのでない視点、農薬の副作用を恐れる視点が現れているが、この時、『リーダーズ・ダイジェスト』誌は、DDTについてのカーソンの提案を採用しようとは判断しなかった。

オルガの怒りをカーソンも共有していた。『潮風の下で』『われらをめぐる海』『海辺』は、その執筆の過程にさまざまな苦労があったことは当然であるにせよ、テーマ自体はカーソンにとって望ましいものであり、海について思いを巡らすことは楽しく喜ばしいことであった。しかし、『沈黙の春』はそうではなかった。満身の怒りを込めて、彼女はこの本を書いた。しかし、その怒りは、わめきたてる「響きと怒り」（マクベス）ではなく、周到な裏付けを持つものであった。

カーソンが、ホートンミフリン社とこの本の出版契約を結んだのは一九五八年五月で、当初この著作は翌五九年一月に出版される予定であった。五八年春、「私は夏のあいだに、殺虫剤による化学的環境汚染に関する著作を完結したいと思っています」（行くえ、34）と友人への手紙に書いていたが、そうはいかなかった。

すでに、無差別の殺虫剤使用に抗議する本を出した人々はいたが、それらの本は、ある場合には論拠薄弱で、他の場合には読むにたえない文章ゆえに、世に受け入れられなかった。受け入れられる本にするには、十分な論拠を提示し、それを読むべきものと納得させる文章でつづらなければならなかった。調査すべきことは数限りなく、考察すべき領域は多方面に及んだ。専門家から入手した情報といえども、念入りに点検することが不可欠だった。

『沈黙の春』準備の過程で、カーソンは身近な人々の死に直面することになった。一九五七年二月のマージョーリーの死去（B、208）の後、五八年一二月には、レイチェルに計り知れない影響を与えた母親のマリア＝カーソンが死去した。親というより友人のように生きてきた母。家事を切り盛りし、レイチェルの原稿をタイプしてくれた母。レイチェルの学生時代の数年間を除けば、四〇年以上をともに生活してきた母。

母親をなくした悲しみの癒《い》えないうちに、今度はレイチェルが受けた打撃はいかばかりであったろう。カーソンは、一九六〇年に胸部手術を受けたが、その腫瘍《しゅよう》を良性のものだと考えていた。そのため、『われらをめぐる海』の改訂の話にも同意していたし、一九六〇年には、民主党顧問会議天然資源委員会にもかかわった（B、264）。しかし、六〇年末、この腫瘍が悪性の癌《がん》であり、もはや余命は幾許《いくばく》もないと知った。彼女は一九六二年一月六日付のドロシー＝フリーマンへの手紙の中で、「『沈黙の春』の背景には、一つの物語があります。そうですね？　それは病気のカタログみたいなものです」と書いていた。ここには自己の癌をも客観視する強靭《きょうじん》な意志さえ感じられるが、病苦と戦いながら彼女は『沈黙の春』を書き続け、六一年一二月、彼女の他のどの著作よりも多くの時間を費やして、ついにこれを書き上げたのである。三年半余に及ぶ緊張の日々だった。

反撃への配慮

クラレンス＝コタム博士は、カーソンの合州国魚類・野生生物局時代に上司だった人である。『沈黙の春』――という題名はまだ決まってはいなかったが――を準備していた一九五九年の初めにカーソンが彼にあてて書いた手紙の中に、次のような箇所がある。

あなたも知っておられるように、すべてのことがらが爆発的であり、相手側の力は、きわめて強大です。したがって私自身の計画は、こちら側で全面的な攻撃を開始する準備がととのうまで、できる限り伏せておいた方が賢明であると思います（行くえ、41）。

たとえば、資料の入手だけを考えても、ことの性質上、さまざまな妨害が入る可能性は十分考えられる。しかし、そうしたことへの配慮をカーソンは忘れてはいない。合州国農務省（ＵＳＤＡ）の役人たちは、その昆虫防除計画に関する情報を、この計画に批判的な人々には提供することを渋っていた（行くえ、42）。さまざまな方面から情報を入手して、『沈黙の春』を書き上げようとしていたカーソンには、農務省の対応は異様と見えたようである。

一九五〇年代前半は、米ソ両陣営の間の「冷戦」を背景に、米国内では「進歩派」の人々の言動を押さえ込んでしまおうとする政治動向、すなわちマッカーシズムの荒れ狂った時代だった。それは、ハリウッドから始まり、ハーヴァードを始めとする大学・研究機関の「左派」「進歩派」の学者たちを職場から排除《パージ》するまでになった。この動きは、放送界や新聞・雑誌・出版界、さらには連邦・州・地方の公務員や教職員に、果ては一般企業から労働組合にまで及んだ。[*2]

そのためであろうか、カーソンに昆虫防除に関する情報を提供した公務員（生物学者）の手紙に触れた『サイレント・スプリングの行くえ』によれば、

その生物学者の手紙には、当時（マッカーシーの反動期とよばれていた）レイチェル＝カーソンの注意を喚起するよう寄せられていた他の多くの手紙と同じく、匿名が使われていた。そして、彼の手紙は匿名に対する次のような弁解で終わっていた。「作物生産局とわれわれの関係を危うくするような形で、この情報を使わないで下さい」（行くえ、43）。

というのである。カーソンの『沈黙の春』のような企てが、事前に察知されれば、このような匿名の情報でさえ、入手することが困難になるような時代状況であった。

『沈黙の春』の『ニューヨーカー』連載開始の約一〇カ月前の一九六一年八月、カーソンはある地方紙に、昆虫の媒介するオランダ・ニレ病などに対する薬剤大量散布による駆除の試みを批判する手紙を掲載した。その後で、彼女は、「私がしたように、小さな地方紙に書くのは、見かけによらず効果が上がらないようです。私にはそんな分別はあってしかるべきでした」と述べた。

これらの諸体験もあり、カーソンは慎重にふるまった。『沈黙の春』の採り上げるデータなどに

不備があれば、製薬会社などはここぞとばかりそこを突くであろう。

時間が前後するが、一九五九年半ば、彼女はある手紙で、『沈黙の春』の出版に関して、「これは大変、書きにくい本です。しかも、この問題をめぐり論争が荒れ狂っているので、私たちは言葉の選択に細心の注意を払わなければなりません。私の問題の取り上げ方の中には、センセーショナリズムがまったく存在していないはずですが、予告の中で不用意にそれを仄《ほの》めかしてしまう可能性がありますⅠ(B、257)と書いていた。

『われらをめぐる海』『海辺』などのベストセラー作家で海洋生物学者のカーソンは、あえて研究対象を殺虫剤・除草剤などの問題に転換し、『沈黙の春』を書いた。ベストセラー作家の作品といえども、今回の著作は無視されるかもしれず、それにとどまらず、自分が攻撃を受けるかもしれないという懸念を、彼女は抱いていたに相違ない。だが、この本の出版が自分に不利益をもたらすことになるとしても、黙してはいられないと考えたのであろう。そこに彼女の、本当の意味の自由な精神を見ることができる。

そう考えると、やや唐突かもしれないが、フランツ゠カフカの言葉――「人は、どうあっても書かねばならぬものだけを、書かねばなりません」[*3]――が想起される。カーソンは、まさしく「どうあっても書かねばならぬもの」を書いた。それが、『沈黙の春』である。

『沈黙の春』の問題提起

カーソンの『沈黙の春』は、平明に書かれてはいるが、実に多方面にわたる諸問題に関して、膨大な情報をそれぞれに圧縮して述べ、自らの観察を織りまぜ、多様な諸研究を要約的に示す部分をおびただしく積み重ね、それらについての考察を含蓄的・簡潔に述べつつ展開される。ある論理にしたがっての演繹的《えんえきてき》な展開というより、むしろ博物誌・自然誌的な色彩を持つ。また、「神は細部に宿り給う」という言葉は、優れた書物に関しても言えることであって、『沈黙の春』も豊かな細部の魅力に溢《あふ》れている。そのため、この本の内容を要約することは、非常に困難であるばかりか、そこに含まれる生気をそぐことにもなる。こうした特色を考え、以下においては、一七の章から成る『沈黙の春』を、章を追いつつ、引用を多くしながら、それにコメントを付けるという仕方で書いていくことにする。

「一　明日のための寓話」　全部で一七の章から成る『沈黙の春』の冒頭の「一　明日のための寓話《ぐうわ》」は、「沈黙の春」という標題を説明しているが、その最初の部分は次のように書き始められている。

アメリカの奥深くわけ入ったところに、ある町があった。生命あるものはみな、自然と一つだった。町のまわりには、豊かな田畑が碁盤の目のようにひろがり、穀物畑の続くその先は丘がもりあがり、斜面には果樹がしげっていた。春がくると、緑の野原のかなたに、白い花のかすみがたなびき、秋になれば、カシやカエデやカバが燃えるような紅葉のあやを織りなし、松の緑に映えて目に痛い。丘の森からキツネの吠え声がきこえ、シカが野原のモヤのなかを見えつかくれつ音もなく駆けぬけた。

道を歩けば、アメリカシャクナゲ、ガマズミ、ハンノキ、オオシダがどこまでも続き、野花が咲きみだれ、四季折々、道行く人の目をたのしませる。冬の景色も、すばらしかった。野生の漿果《しょうか》や、枯れ草が、雪のなかから頭を出している。漿果を求めて、たくさんの鳥が、やってきた。いろんな鳥が、数えきれないほどくるので有名だった。春と秋、渡り鳥が洪水のように、あとからあとへと押し寄せては飛び去るころになると、遠路もいとわず鳥見に大勢の人たちがやってくる（11）。

ここは、その章題が示すように「寓話」であって、英語原文もいかにもおとぎ話の世界を描くかのような文体で綴られてはいるが、「アメリカの奥深くわけ入ったところ」の町(a town in the heart of America) としてここに描かれた風景は、カーソンの「原風景」のようなものであったろう。だが、彼女が幼少期を過ごしたスプリングデールを懐《おも》いつつ描いたかも知れぬこの「原風景」は暗転する。

ところが、あるときどういう呪いをうけたのか、暗い影があたりにしのびよった。いままで見たこともきいたこともないことが起りだした。若鶏はわけのわからぬ病気にかかり、牛も羊も病気になって死んだ。どこへ行っても、死の影。［中略］

自然は、沈黙した。うす気味悪い。鳥たちは、どこへ行ってしまったのか。みんな不思議に思い、不吉な予感におびえた。裏庭の餌箱は、からっぽだった。ああ鳥がいた、と思っても、死にかけていた。ぶるぶるからだをふるわせ、飛ぶこともできなかった。春がきたが、沈黙の春だった（12。傍点は引用者）。

なぜ「沈黙の春」になったのか。それが第二章以下で説明される。冒頭の章は「寓話」だが、以下の章はそうではない。

「二　負担は耐えねばならぬ」　地球上での生命の誕生以来、生命と環境とは互いに影響を及ぼし合いつつ、生命の歴史を織りなしてはきたが、たいていは環境が生物を変えてきた。

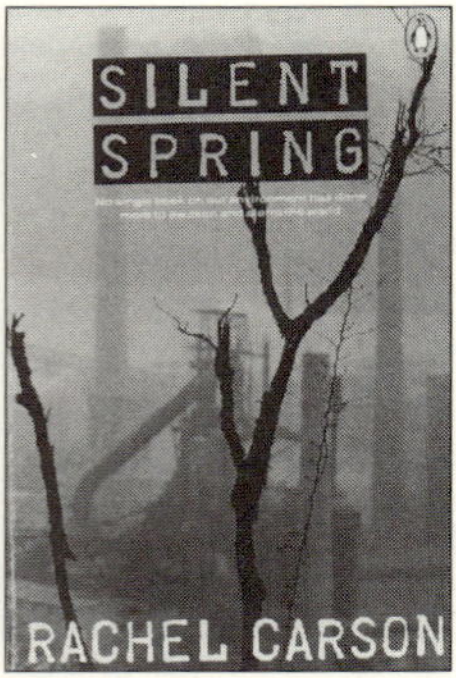

『沈黙の春』の原書。ホートンミフリン社版（新版・左）は、アル＝ゴアの序論が、ペンギン版（右）は、ジュリアン＝ハックスリーの序文が付けられている

しかし、第二次世界大戦以降は、人間が環境・自然を決定的に変えようとしている。「化学薬品スプレーもまた、核兵器とならぶ現代の重大な問題と言わなければならない」とカーソンは言う。彼女は殺虫剤を厳禁すべきだという主張はしない。この点は、『沈黙の春』の中で繰り返し述べられている。「害虫などたいしたことはない、昆虫防除の必要などない、と言うつもりはない。私がむしろ言いたいのは、コントロールは、現実から遊離してはならない、ということ。そして、昆虫といっしょに私たちも滅んでしまうような、そんな愚かなことはやめよ——こう私は言いたいのだ」(19)。しかし、殺虫剤による環境汚染という「負担」に人間が耐えねばならないとすれば、この問題に関して正確な判断をしなければならず、そのためには事実を十分に知らなければならない。この問題について「知る権利」があるというのだ。

この章で（というよりこの本全体の中でというべきだが）注目に値する言葉は、第一に、「化学戦が勝利に終ったことは、一度もなかった」(17)というものだ。この言葉の重みは現在に連なっているというべきではないか。山あいのゴルフ場に「除草剤」を撒《ま》く。芝生を整えて、人間が「雑草」に「勝利」したように見える。しかし、その除草剤が少しずつ川に滲《し》み込み、水源を汚染すればどうなのか。

第二に、現在の人間の化学薬品の乱用を、「これから生れてくる子どもたち、そのまた子どもたちは、何と言うだろうか。生命の支柱である自然の世界の安全を私たちが十分守らなかったことを、大目にみることはないだろう」(24)という、最近の「環境倫理学」でいう「世代間倫理」にかかわる言葉だ。過去に盲目な者が現在に対しても盲目となるとすれば、未来を考えない者も現在に対して盲目となるだろう。逆ユートピア小説であるジョージ＝オーウェルの『一九八四年』(一九四九年)やオルダス＝ハックスリーの『すばらしい新世界』(一九三二年)が、過去も未来も考えない世界を「悪夢」として描いたのは、深い洞察に基づくものだった。『一九八四年』の描く社会では、支配者の都合で過去は勝手に変えられ、日記を書くことすら犯罪になる始末であり、『すばらしい新世界』では、「過去や未来を考えると気持が悪くなる」という「格言」があるありさまだ。

未来の子どもたちにも思いを巡らすカーソンは、同時代に起こっていることを徹底して観察し、それがいかなる過去に由来するかを考察して、環境問題が深刻な「現代の課題」であることを明確にしたのであるが、その課題は、ますます重くなっているというべきであろう。

すべての殺虫剤が化学的合成物であるわけではないことは、除虫菊を考えれば明白だ。また、人間による砒素《ひそ》の使用の歴史は古い。だが、「第二次世界大戦を境にして、無機系の殺虫剤から《奇跡》の炭素分子の世界への転換が行われ」(27)て、合成化学薬品工業が急速に発展した。なぜ戦争が画期となったのか。化学戦の研究を進める過程で、殺虫力のある化学薬品がいろいろ見つかった。「もともと人間を殺そうと、いろいろな昆虫がひろく実験台に使われたためだった」(26)

ドイツ政府は、毒ガスを人間対人間の戦争の中で使用しようと秘密裏に研究を進め、「死の毒ガス(神経系を犯すもの)」を作りだしたとカーソンは指摘してはいるが、戦争の問題にはそれ以上論及していない。ドイツの強制収容所内での毒ガス使用によるユダヤ人の大量殺害にも触れず、もっぱら殺虫剤や除草剤など、動植物に対する薬剤の使用が引き起こす問題点を軸に、論が進められる。

「三　死の霊薬」

この章でカーソンは、殺虫剤を二つの種類に分類している。一つは「有機塩素化合物」で、その代表がDDTであり、もう一つは「有機燐酸《りんさん》系」の殺虫剤だ。そして、これらがなぜ人体にも有害であり、死を招くこともあるのかを手際よく説明している。

油にとかしたDDTは、危険なことおびただしい。そしてDDTは油にとかしてふつう使われる。DDTをのみこめば、消化器官にゆっくりと浸透し、また肺に吸収されることもある。一

度体内に入ると、脂肪の多い器官——たとえば副腎《ふくじん》、睾丸《こうがん》、甲状腺《こうじょうせん》にもっぱら蓄積する（DDTは脂肪に溶解するため）。［中略］
DDTや、それに近い化学物質のおそろしさは、食物や餌の連鎖によって、有機体から有機体へと移動してゆく事実にうかがわれる。［中略］毒はまた母親の体を通って子孫へと及んでゆく。［中略］
ごく少量の蓄積からはじまって、つぎつぎとつみ重なりふえてゆく、そして、やがて肝臓がやられる——これは、ごくふつうの食事をしていても起りうることなのだ。そこで食糧薬品管理局の専門家たちは、すでに一九五〇年に声明を出している——《DDTにひそむおそろしい毒性は、いままであまりにも過小評価されてきたきらいがある》（31〜35）

この記述は、さまざまなことを考えさせる。第二次世界大戦終了後、日本に帰還した兵隊たちには、おびただしいシラミがたかっていた。米軍の提供したDDTの粉末を頭からふりかけてそのシラミが退治されたという印象は強烈だったし、同様のことはすでにイタリア・ナポリでも起こっていた。DDTは人体に害があるという医学からの説明は、DDTでシラミ退治に成功した体験と矛盾するようにみえるが、それが矛盾でないことをカーソンは簡潔に説明している。「食物や餌の連鎖」による濃縮とか、胎児への影響という、今では常識となっていることも、それぞれ複数の実験・観察データを添えて、手短に述べられている。

この章には、『沈黙の春』の叙述の仕方の特色がよく現れている。それは、殺虫剤の残留物の微小な量に関する実験データの記述といった類の、いわばミクロ的視点を基本としつつも、DDTの合成、殺虫効果の発見という歴史や、その毒性に対する先駆的な声明にも触れるという形で、文明史的・科学史的視点を織り込んでいるという点である。

「四　地表の水、地底の海」　前章で化学薬品が生物に及ぼす影響を主として論じたカーソンは、この章では、化学薬品による水汚染の問題を論ずる。

「殺虫剤による水の汚染という問題は、総合的に考察しなければならない」(53)とカーソンは言う。工場からは川に化学薬品の廃棄物が流れ込み、殺虫剤を撒《ま》いた畑から有毒な水が流れ出して小川や灌漑《かんがい》用水が汚染される。川だけでなく湖も、そして地下水も汚染され、水道水にも及ぶ。汚染が果てしなく続くのは、「自然界では、一つだけ離れて存在するものなどない」(67)し、「自然は、外界と遮断《しやだん》された密室で仕事をすることはほとんどない」からだ。

カーソンは、こうした視点から、地下水や地表の水に関して、アメリカ各地のさまざまな事例に即しつつ説明してゆく。彼女が列挙しているおびただしい事例の中から、カリフォルニア州のクリア湖の場合の記述を見よう。この付近にいるブユの「退治」のため、DDTによく似たDDDという塩素誘導体の殺虫剤が、一九四九年・五四年・五七年と散布された。五四年にもカイツブリが死んだが、五七年にはさらに多く死んだ。この水鳥の組織を解剖してみると、「異常に濃縮されたＤＤＤの蓄積が検出された」

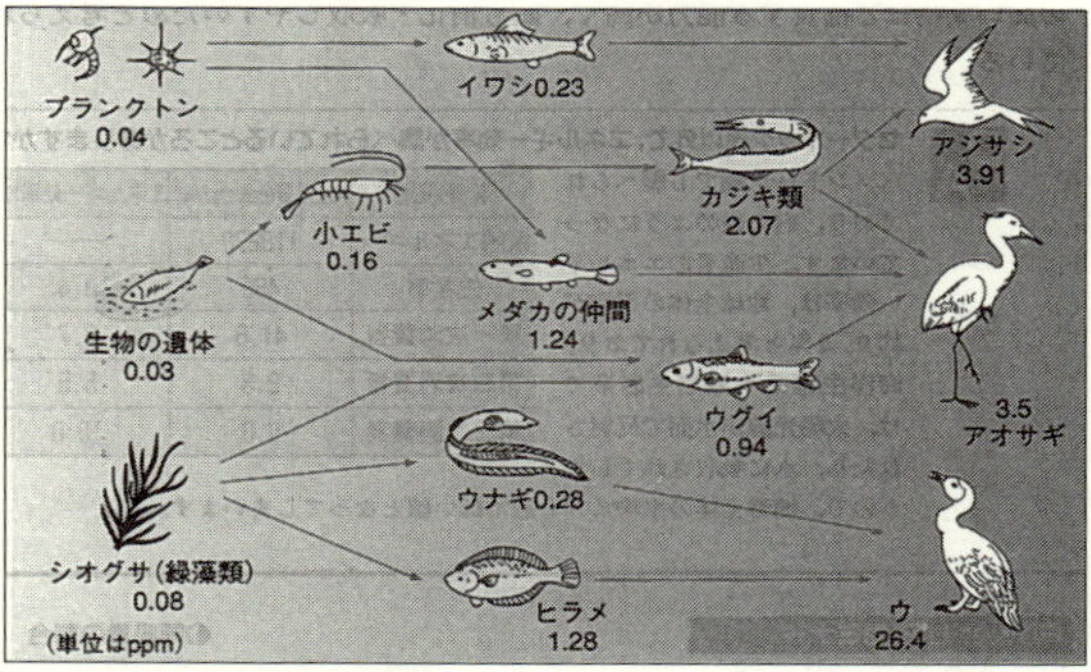

食物連鎖とＤＤＴの濃縮
(アメリカのロングアイランドでの調査結果)

だが、それだけではなかった。もっと異常な事態があとから判明した。化学薬品を最後に撒布《スプレー》してから、しばらくすると、ＤＤＤはあとかたもなく消えてしまった。だが、湖から毒が姿を消したわけではなかった。ただ、湖水にいる生物の組織に、毒が移っただけのことだった。化学薬品スプレー後二十三カ月たったが、プランクトンから、五・三ｐｐｍという高率の毒が出た。その二カ年近くのあいだに、プランクトンは成熟しては、枯れていった。水そのものはきれいになっているのに、毒だけは世代から世代へとつたわっていったのだ。そして、その湖にすむ生物も、同じだった（63〜64）。

ここには、生物濃縮（biological concentration）の様相が的確に描かれている（上図参照）。

「アメリカ各地のさまざまな事例」に即して説明するのには、

多大の労力が必要だ。その事例に直接かかわる人が読んでも、事実に違わないと判断されるように書くことが最小限必要だからである。事実関係の記述に誤りなきことを期すだけでなく、それぞれの事例に精通している人にさまざまな形で援助を求めることが不可欠だし、また、多数の人々の助力なしには、広範な論点に関する報告書・論文などにも可及的に広く当たることは困難だからである。「一民間人の見解にすぎない」とするような権威主義的対応も考慮して、アメリカ合州国の「魚類生物野生局が一九六〇年に出したリポートを見よ」という形で、いわば動かぬ証拠を読者に提供する形もとりつつ、カーソンは論を進めていく。そうしたしかるべき裏付けがあることを個々に示すべく、カーソンは『沈黙の春』巻末に、「List of Principal Sources」として、全部で五八六に及ぶ注を付けた。[*4]

「五　土壌の世界」

地球の陸地をおおう土壌の薄い膜、生物はみなこの膜に依存している。「土のはじまり、その歴史は、動物、植物ともちつもたれつなのだ」「生物が土壌を形成したばかりでなく、信じられないいくらいたくさんのさまざまな生物が、すみついている。もしも、そうでなければ、土は不毛となり死にはててしまう」。そして、カーソンは、土の形成に果すミミズの役割を、ダーウィン『ミミズと土』にも依拠して説明する。

大地は動かないものの代表のように見える。しかし、ダーウィンは長期にわたる観察・計算の結果を次のように書いている。「イングランドの多くの地域では、それぞれ一エーカーの地表につき、乾重一〇トン以上の重さの土が、年々ミミズの体を通過し、運びだされている。それ故、肥沃土《ひよくど》の全表層は数年ごとに、ミミズのからだを通ることになる。［ミミズの作る］古いトンネルの崩壊によって、肥沃土はゆっくりとではあるがたえず動いており、これを構成している粒子はお互いにこすり合される」（『ミミズと土』279）。つまり、土も動くのである。

殺虫剤の特色を第三章で説明したカーソンは、第四章で水、第五章で土について述べるのだが、水も土も果てしない循環の中にあることが強調されている。

「さまざまな生物が織りなす糸」によって成立している土壌に、殺虫剤がふり撒《ま》かれたらどうなるか。「土壌の生態学《エコロジー》」についての無知は、人間をどこに導くか。「生命の核心ともいうべきところでは、化学的な変換、置換が行われている」が、農薬・殺虫剤によって、「まさにそれがおびやかされることがある」

『沈黙の春』の多くの箇所に見られるこうしたエコロジーの視点は、すでに見たように、『潮風の下で』『われらをめぐる海』『海辺』において現れていたものだった。

「六　みどりの地表」

草木がなければ人間は存在し得ないのに、「人間は草木について勝手きわまる考えしかもっていない」。このことを、カーソンはアメリカ合州国西

総合的病害虫管理（ＩＰＭ）および生物学的防除（ＢＣ）の成功例

国または地域	作物	戦略	効果
ブラジル	大豆	ＩＰＭ	7年間で農薬使用が80～90％減少。
中国・江蘇省	棉	ＩＰＭ	農薬使用は90％、害虫管理費は84％減少。収量は増加。
インド・オリッサ州	米	ＩＰＭ	殺虫剤使用が3分の1ないし2分の1減少。
アメリカ・テキサス州南部	棉	ＩＰＭ	殺虫剤使用は88％減少。農家の平均純収益は1ヘクタール当り77ドル増加。
ニカラグア	棉	ＩＰＭ	1970年代初めから半ばにかけて、殺虫剤の使用は3分の1減少。収量は増加。
赤道アフリカ	キャッサバ	ＢＣ	約6500万ヘクタールにおける寄生蜂によるコナカイガラムシ防除。
アメリカ・アーカンソー州	米、大豆	ＢＣ	市販の菌配合「バイオ除草剤」による有害雑草防除。
中国・広東省	サトウキビ	ＢＣ	農薬の3分の1の費用で、寄生蜂によるシンクイムシ防除。
中国・吉林省	トウモロコシ	ＢＣ	バイオ農薬や寄生蜂による主要害虫の80～90％防除。
コスタリカ	バナナ	ＢＣ	農薬使用の停止。天敵による害虫防除。
スリランカ	ココナツ	ＢＣ	1970年代初頭に天敵が発見され、3万2250ドルをかけて導入された結果、害虫による年間1130万ドル相当の被害を防いでいる。

（『地球白書'89―'89』 p.199による）

部に自生するヨモギ類の雑草を例として説明している。そのヨモギゆえに、そこにはライチョウとカモシカが生息していて、ここには「自然そのままの完全な均衡 (a natural system in perfect balance)」があった。だが、この「雑草」を根絶して牧草地にしようという大がかりな運動がなされ、この均衡は破られた。除草剤、殺虫剤によって。

「化学薬品は、いまや現代の花形なのだ」。しかし、「技術文明がつくり出す不毛な、身の毛もよだつ世界は、私たちと同じ人間仲間の技術者のせいなのだと考えると、とても我慢できない」（88～89）と、カーソンは言う。この感情が、『沈黙の春』の根底を形成している。

ここに書いたヨモギ類撲滅の動きに関連して、市民たちが政府の出張機関の人たちと論議をした。なぜ反対しているのか、という問いに、野草や花がだめになるというある老人の答えがあった時、みんなが笑った。その時、裁判官でもあるウィリアム＝ダグラス氏が、「牧畜業者が草をさがしたり、材木業者が立木をほしいと言う権利と同じように、この年寄りにも、キキョウの花やオニユリを求める権利があるのではないだろうか」と語ったとカーソンは書き、ダグラス氏を「人間的でかつ洞察力のある」人と評している。このダグラス氏の主張は、先に『われらをめぐる海』について言及したところで引いた『ノンヒューマン環境論』の主張をも想起させる。もちろん、カーソンも「花を求める権利」の主張だけで問題が片付くと考えていたわけではないが。

花は受粉昆虫の生息場所だ。農作物でも、受粉昆虫のおかげをこうむっているものが少なくないし、森の樹木の繁茂にも、昆虫の活躍がかかわっている。「人工栽培一点張りで化学薬品をまき、垣根や草をとりはらってしまえば、授粉昆虫はもはや逃げかくれるところもなく、生命と生命を結びつけている糸がたち切られてしまうだろう」(91)

このように考えるカーソンが、「自然そのものにそなわる力を利用する」方法、つまり、「生態学的方法」や「生物学的防除」を推奨《すいしょう》するのは自然だろう。鉄道用地がヤブに覆われることや高木が茂ってしまうことを避けるには、そこに低木を植えればよいが、これは「選択性スプレー」と呼ばれる。また、ある種の植物の過剰な繁茂には、それを食べる天敵の活用が可能だということで、その成功例が紹介されている(98頁の表は、カーソンの作成したものではないが、参考までにあげておく)。

この天敵の活用という手法は、第一五章でも説明されているが、その天敵自身の異常繁殖が問題となる可能性もあり、必ずしも常に妥当な方法とはいえないだろうけれども。

「禍いのくさり」はどこまで？

「七　何のための大破壊？」　一九五九年秋、ミシガン州の東南部で、合州国の農務省とミシガン州農務省の計画・指揮によって、マメコガネムシ駆除のために殺虫剤アルドリンの小丸薬の大規模な空中散布が行われた。多数の鳥が死んで、犬猫にも被害が出たばかりか、ある医者のところには、悪寒や発熱を訴える人々が訪れたという。カーソンによれば、アルドリンはＤＤＴの一〇〇倍から三〇〇倍の毒性があり、鳥が死ぬのは、殺虫剤が直に作用する場合のほか、殺虫剤を散布された虫を鳥が食べることが大きな理由である。

アメリカ合州国にマメコガネムシが入ってきたのは一九一六年。その駆除に、当初は、中国や朝鮮から輸入した寄生バチが使われ、顕著な効果があったという。また、コガネムシ科の甲虫類だけをおそうバクテリアが一九三三年に発見され、その後、このバクテリアを使う方法が考案・採用されていたが、第二次世界大戦後には、合成殺虫剤が使用されるに至った。カーソンは、バクテリア使用の場合と合成殺虫剤使用の場合とを費用の点で比較し、決して合成殺虫剤が安価なわけではないことも説明している。そして、このマメコガネムシ駆除をめぐる問題に立ち入って説明しているが、ここではただ、この合成殺虫剤への依存が何をもたらしているかに関する彼女の見解を見ておこう。

自然を征服するのだ、としゃにむに進んできた私たち人間、進んできたあとをふりかえってみれば、見るも無残な破壊のあとばかり。自分たちが住んでいるこの大地をこわしているだけではない。私たちの仲間——いっしょに暮しているそのほかの生命にも、破壊の鋒先を向けてきた。過去二、三百年の歴史は、暗黒の数章そのもの。合州国西部の高原では野牛の殺戮、鳥を撃って市場に売り出す商売人が河口や海岸に住む鳥を根絶に近いまで大虐殺し、片端からオオシラサギをとりまくって羽をはぎとった、など。そしていままた、新しいやり口を考え出しては大破壊、大虐殺の新しい章を歴史に書き加えてゆく。あたり一面殺虫剤をばらまいて鳥を殺す、哺乳類を殺す、魚を殺す。そして野生の生命という生命を殺している (105)。

「過去二、三百年の歴史」の発端が産業革命にあることは明瞭である。また、「自然の征服 (the conquest of nature)」という考え方は、後にIV章において考察するが、近代ヨーロッパ哲学の確立期に、F・ベーコンやデカルトなどが構想していたものである。

数多くの動物が、人間によって「絶滅」あるいは激減させられた。シルヴァーバーグによれば、

「多くの人々に誤ってバッファローと呼ばれている」アメリカバイソンは、南北戦争の頃のアメリカ西部には約六〇〇〇万頭いたが、ごく短期間に大殺戮《だいさつりく》の憂き目にあった。合州国政府が、「バイソンを皆殺しにすればインディアンも全滅するだろう」と考えたからである。[*5]

また、リョコウバトのように絶滅したものもある。一八一三年の秋、オハイオ川のあたりでリョコウバトを見たオーデュボンは、その圧倒的な数について、「文字どおり、空がハトで埋めつくされてしまい、真昼の光は日食のようにかげった」[*6]と書いている。その絶滅をオーデュボンさえ予測できなかったリョコウバトは、一九一四年に絶滅させられた。カーソンも『潮風の下で』の中でこのリョコウバトに触れている。

「八　そして、鳥は鳴かず」

合州国の「春はコマドリといっしょにくる」とカーソンがいう、そのコマドリを襲った悲劇とワシの数の現象が、この章の記述の中心をなしている。

一九三〇年頃以降、ニレの木がオランダニレ病にかかるようになり、一九五四年からこの病気の原因とされたニレノキクイムシの駆除のために、DDTのスプレーが始まった。その結果として、コマドリの大量死が引き起こされた。この連鎖を、カーソンは次のように考えた。葉に付着した毒は、雨が降ってもあまりとれず、やがて散る。その落ち葉をミミズがあさる。

葉といっしょに殺虫剤もミミズの体内に入り、蓄積され、濃縮されてゆく。解剖してみると、ミミズの消化管、血管、神経、体壁にDDTが残留していたという(バーカー博士)。もちろん毒にあたって死んだミミズもいる。が、あるものは生きのびて、毒の《生物学的増幅器》となる。そして、春になると、コマドリがきて、ニレの木―キクイムシ―殺虫剤―ミミズ―コマドリ、という連鎖の輪が完全につながる(130)。

こうしたコマドリの死は「連鎖の輪」の一角を形成するが、それは、自然の中では、「禍いのくさりの一つの輪」にすぎず、至るところに「禍いのくさり」はある。この鎖は、ヤマシギ、メジロツグミ、モリツグミ、チャオツグミなどの鳥類だけでなく、アライグマのような哺乳《ほにゅう》動物にも及んだ。ミミズを食べる小型の哺乳動物や小鳥を食べるミミズクやタカなどにも。

オランダニレ病には、どのように対処すべきであったのか。カーソンは、ニューヨーク州のある町で、ある指導者の下に、病気になった木を伐採・焼却し、ほぼこの病気の根絶に成功し、費用の面でも無理がなかったという例を紹介している。この例を推奨したうえで、特定の地域に同じ樹木ばかりを植えることを戒めている。ジュリアン＝ハックスリーの弟子であった生態学者チャールズ＝エルトンの言う「多様性の維持」[*7]が重要だというのである。多様性が失われ、同じ種類の植物だけが大量に並べば、いったん「害虫」や病気が発生した時、その被害は一気に広がるというのは、今日では常識であろう。しかし、その常識も、常識化するためには、それを説得的に説明する先駆者が必要だったのである。

この章の後半は、合州国のシンボル（the national symbol）であるワシについての記述だ。ワシの数の減少に関するカーソンの説明は、手堅いものである。

①まず、ワシの数、卵から孵化《ふか》する率、子どものワシと成長したワシの数の比率などについて、それぞれ独立の観察記録が紹介される。一例だけ示すと、チャールズ＝ブローリーによるワシの数の観察が披瀝される。彼は、ある地域で、一九三九年から四九年の間に、ハゲワシの子ども一〇〇〇羽以上に標識を付けたばかりか、その後もワシの動向を徹底的に観察し、一九五九年まで経年的に誕生するワシの数も数えた。その結果、一九五〇年代には卵から孵《かえ》る率が顕著に減少していることを確認した。

②ＤＤＴなどの化学薬品を鳥に投与し続けた研究者たちの実験二例が紹介される。

③ミシガン大学の研究者によるコマドリの解剖によるＤＤＴの検出と、ＤＤＴの蓄積の鳥に及ぼす影響に関する研究が紹介される。

これらの観察→実験→研究をふまえて、カーソンはワシの数の減少をＤＤＴなどの化学薬品の影響によると推定している。

現在の時点で考えれば、平凡な結論のように見えるかもしれない。しかし、合成化学薬品のもたらす被害についての広汎な考察に初めて接したに違いない一九六〇年代初頭の読者たちには、あるいは今日でもこうした情報に最初に接した読者にも、多くの観察者や研究者による成果が圧縮され重層的に示されることで、眼から鱗《うろこ》が落ちるような読書体験となった(なる)だろうと想像される。カーソンは、ブローリーによるワシの観察に、「長い期間にわたってたゆみなく行われたすばらしい観察」と賞賛の言葉を贈っている。簡潔な表現ではあるが、先行する仕事にしかるべき敬意を払うカーソンの姿勢は、実に公平だというべきである。

「九　死の川」

「毒の連鎖」は、鳥や地上の哺乳動物に及ぶだけではなく、水中の生物にも及ぶ。一九五三年と五四年、カナダ東部のミラミッチ川周辺で、パルプ原料になる針葉樹林を蝕《むしば》むトウヒノムシ駆除のために、ＤＤＴが空中散布された。その結果、肝心のトウヒノムシはあまり死ななかったのに対し、太古からすばらしいサケの産卵場だったこの川でサケが大量死した。この地域の「サケ漁業の将来は、ＤＤＴの大量散布にかわる新しい方法を見つけられるかどうかにかかっている」(162)と、カーソンは書いている。

この事実を、カーソンはカナダ漁業研究所の調査に基づいて記しているが、彼女は、他地域の同様の事例をいくつか記載している。そして、サケなどへの被害がある程度くいとめられているのは、「カナダのある生物学者が、一九五七年ヴァンクーバー島の北部で殺虫剤スプレーを観察している」などの例をあげ、「生物学者、自然保護官の人知れぬ骨折りに負うところが多い」からだと見る。

具体的な事例の観察・記録に関してだけではなく、殺虫剤による被害の累積がもたらす意味や問題の考察についても、カーソンの先駆者はいる。第九章から離れるが、殺虫剤の散布→抵抗性を持った「害虫」の発生→より強力な殺虫剤の散布、という悪循環が起こることが知られていて、これに対して、チャールズ＝エルトンは、「迫りくる雪崩のとどろきがきこえる」と警告を発していた。[*8]カーソンは、この「迫りくる雪崩」という言葉を、『沈黙の春』の第一六章の標題として使い、当然ながらそれを注記している。

殺虫剤スプレーの問題性には、このように、すでに多くの人が気付き、この問題を観察し記録していた。また、『沈黙の春』に先んじて、ＤＤＴの大量散布への抵抗の運動を一九五七年から試みた人々もいた（第一〇章で論じられるロングアイランド裁判が代表例である）。アメリカでは、食糧薬品管理局の専門家もＤＤＴの危険性についての声明をすでに一九五〇年に出し、ある州の保険局がエンドリン散布の危険性に警告を発しているとカーソンは書いている。また、農薬を使用した食物の長期にわたる摂取は人体に有害な結果をもたらす可能性があるとして、食品・医薬品・化粧品規制法の改正が行われたのは、一九五二年だった。

このような、ＤＤＴなどの殺虫剤への対応を考えた時、カーソンの先駆性はどこにあるのか。

この問題に関して彼女が収集したおびただしい事例を、反証可能性を可及的に少なくすべく、多面的に簡潔に記述して、生態学的な見地からの位置付けに努めたこと。また、殺虫剤散布に代わる方法を提起したこと。さらには、殺虫剤散布とその影響の問題が、特定の地域・地方にのみ限定される問題ではないことを白日のもとにさらし、後述するように文明論的視野からもこの問題を論じ、現代人すべてに波及する重大な問題だという点に論及したこと。以上のようなことについて、筋が通り、理にかなった説明をまとめたことにあるだろう。

第九章に戻ろう。カーソンから見ると、ほとんどの人々は問題の重要性に気付いていない。「ことの真相を知って」人々が「声をあげる日はいつのことか」とカーソンは言う。事柄の重要性とその認識の広がりの欠如、この落差の大きさが、『沈黙の春』を書かずにいられなかったカーソンの前提にあるだろう。

しかし、科学者として当然のこととはいえ、カーソンは、殺虫剤散布のもたらす諸問題には不明な点があまりにも多いことも指摘している。「おそらく大きな川という川は汚染していると言っていい。だが、はたしてどういう化学物質で汚染しているのか、全部でどのくらいの分量になるのか、見きわめることはできない」(183)し、まして、その汚染物質の存在によって、どういう事態が予測されるかなどについて、「研究は、現在まだいと口についたばかり」だというのである。『われらをめぐる海』や『海辺』にも見られたこの不可知性の認識がカーソンにはあった。そこで、おびただしい事例を簡潔に列挙して事柄のあり方を浮かびあがらせるという手法をとったといえよう。

害虫駆除のための有機殺虫剤の大量散布は、薬品の河川や湖沼への流入をもたらす。そうした事態が一般化したら、魚を主に食べている人々・民族はどうなるか？　また、化学薬品の製造工場からの排水が下水に流れ込むとどうなるか？　海は一体どうなるか？　とりわけ塩沢・河口・湾・入江・瀬戸などの浅い海は？　そこに住む生き物たちは？

「未知な部分」が多いとはいえ、こうした連鎖について、可能な限り総合的な研究を押し進めるべく、彼女は『沈黙の春』を書いた。これまでのところで、その総合性の一端を繰り返せば、第三章での殺虫剤・除草剤の化学的な紹介を前提に、第四章では水を通じて、第五章では土壌の世界において、第六章では「みどりの地表」において、「毒の連鎖」があまねく及んでいることが示された。第七章ではマメコガネムシの駆除について述べた。そして、昆虫駆除の試みが鳥への被害に及ぶことを第八章で、川の魚などへの被害に及ぶことを第九章で論じた。こうした本の構成における骨格が、豊富な具体例によって肉付けされ、時として文学的彩りを加えて、『沈黙の春』は成り立っているのである。

このように見ると、『沈黙の春』の記述が多様性を帯びたのは当然とも言えるのであって、この多様性ゆえに『沈黙の春』が「専門的」でなく「通俗的」であるかのように言うのは、カーソンのおかれた歴史的位置がまったくわかっていない者である。多様性のない『沈黙の春』を想像してみるがよい。特定の分野に限定された著作では、当時の多くの人々に「環境」問題の重要性を決して伝えることはできなかったであろう。

「一〇 空からの一斉爆撃」

生物学者カーソンは、有機殺虫剤の大量散布という現象が増大した背景を考察する際などには、卓越した歴史家のようである。つまり、第二次世界大戦で使用された殺虫剤は、戦後に生産過剰となり、新たな使用先を必要としていた。また、飛行機も戦後には生産過剰となっていた。空から飛行機を使って殺虫剤を散布するのは、すばらしい過剰品のはけ口となった、というわけである。

余談ながら、ヒチコックの映画『北北西に進路を取れ』（一九五九年）は、映画監督のフランソワ＝トリュフォーによれば、ヒチコックのアメリカ時代の全作品がそこに集約されている作品だが、この作品には、見渡す限りのトウモロコシ畑に農薬を空中散布する飛行機が登場する。ヒチコックの意図は、農薬の問題にかかわる点にはいささかもなかったようだが[*10]、ヒチコックが映画にこうした飛行機を登場させたこと自体、殺虫剤の空中散布が当時いかに一般化していたかを示すものだろう[*11]。

映画のことはともかく、この第一〇章では、主として二つの例がとりあげられている。一つは、一九五六年から五七年に、農務省の指導によって、ペンシルヴェニア、ニュージャージー、ミシガン、ニューヨークなどの諸州でマイマイガ「根絶」のために、燃料油に溶解させたＤＤＴを大量に空中散布したという例だ。もう一つは、一九五八年から五九年に、これも農務省の指導下、アメリカ南部のヒアリ（火蟻＝ファイア・アント）「根絶」計画による大量の化学薬品スプレーが実施されたという例である。

しかし、ヒアリが「害虫」だというのは本当か。アラバマ州の農事試験所の専門家は、これが「植物に及ぼす害は概してまれである」と言い、アメリカ昆虫学会の一九六一年度の会長アラント博士もヒアリの植物への害ばかりか家畜への影響も否定している。張切っているのは農務省と薬品製造会社だけ。「州や中央政府の農務省は、ひとりひとりの不平など聞いていられないと、いつものように冷淡にみんなの声を無視した」。逆に、「家畜がヒアリ駆除のために損害をうけたといっても、合州国農務省はそんなことはないと頑固に無視」(200)し続けるありさま。もっとも、他の国の役所でも頑迷固陋さではひけをとらないところにはこと欠かないが。

この第一〇章は、カーソンによる徹底的な行政批判である。カーソンによれば、農務省防除局は「目的のためには手段を選ばず」という考えで動いており、「はじめから間違っていて、毒薬の必要量も調べなければ、またほかの生物への影響なども科学的に考えずに、ただ駆除しなければならない、と大げさに騒ぎたてただけだった」(186)。そのうえ、「市民個人のおかすべからざる財産権を無視しようと圧力を加える」。彼女のここでの行政批判は、厳しく辛辣《しんらつ》である。

その厳しさは、ことこの問題に関しての白黒の明白さに由来するのだろう。殺虫剤を大量散布しても、対象とした虫への効果は至って乏しいのに反して、次々に家畜などへの被害届けが出され、ロングアイランドの場合のように、裁判にもなるなど、薬剤散布による被害は世間周知のことだ。有力な研究者が何人も殺虫剤の大量散布の無意義さを説き、その無意義なことは生物学関係の文献に少なからず掲載されていたのに、行政側は調べもしなかった。また、費用の面でも高くつく。第九章に述べられたトウヒノムシの場合は、殺虫剤散布の結果は無残だったにせよ、昆虫による針葉樹への害はあった。しかし、ヒアリの場合、どういう害があったのかということ自体が不明だし、一〇〇年前からアメリカにいるマイマイガの被害もあまり話題になったことはなかった。なぜ薬剤散布の必要があるのか。また、トウヒノムシ駆除がカナダでの例であるのに対して、ヒアリやマイマイガ駆除はアメリカの例だ。つまり、この問題は、批判される条件があまりにそろいすぎていた。

『沈黙の春』を読んで気付く点の一つは、厳しい行政批判があるのに対して、殺虫剤・除草剤製造企業に対する批判という点では、「化学薬品製造会社」の頑迷さについての記述が106頁に見えるなど、何箇所かありはするが、企業を名指しで批判することはしていないことである。[*12] この点には、カーソンの一種の政治的配慮があるのだろう。『沈黙の春』が出版されれば、殺虫剤・除草剤の製造企業から激しい反論が投げかけられることは十分に予測できたに違いないし、事実、カーソンへの激しい攻撃がなされた。その摩擦を可能な限り避けようと彼女が考えたとしても、それは当然のことだろう。彼女は、政治的な運動家ではなく科学者であったが、優れた政治感覚も持っていた。そのことは、『沈黙の春』が特定の企業を批判することはなく、しかし、環境問題を起こしている責任を「人間」に一般化させてしまうこともなく、主として文明論的な視点から「現代」を問題にする形になっていることと恐らくは不可分に違いない。

「一一　ボルジア家の夢をこえて
一二　人間の代価」

第一〇章までが主として自然界の問題を論じていたのに対して、この第一一章は、人間の生活の場における殺虫剤の問題を扱っている。

まずは、台所用殺虫剤、衣服用殺虫剤、庭園用殺虫剤などの問題性だ。また、化学薬品が食品にどれだけ残留物として付着しているかも論じられる。こうした汚染と無関係と思われるかもしれないアラスカでも、ＤＤＴなどの化学薬品の「暗い影」は忍び寄っているとして、汚染の地球的規模での拡散に着目している。さらには、殺虫剤の乱用、政府のこうした問題への監視体制の不十分さ、化学薬品の「許容量」の問題など。そして、こうした状況への対応策も述べられている。①劇薬の使用禁止、②より毒性の少ない化学薬品の使用、③非化学的な方法の開拓などである。[*13]

だが、ここではその詳細に立ち入る必要はなかろう。要するに、化学物質に関連して、『沈黙の春』以後の時代に問題になったようなことが、実に多く提起されていて、ここで指摘された論点について、一九六〇年代以降に起こった具体的な事例や論壇に登場した話題を注記していけば、その注は「果てしない物語」になるだろう。

第一一章が人間の生活の場における殺虫剤の問題を扱っているが、第一二章は人間の内部への殺虫剤の影響に話を絞っていく。

ミシガン州のコマドリ、カナダのミラミッチ川のサケの場合に、生態学の問題、つまり、それらをとりまく環境との間に相関関係、相互依存関係があった。それは、「生命のおりなす複雑な織物」のごとくであった。同様に、人間の体の内部にも生態学の問題があり、化学薬品はそこに触れる。

カーソンは、塩素誘導系の殺虫剤と肝臓との関係、神経系との関係を、個人差の問題にも言及しながらも、化学薬品の併用の害を説き、精神病との関連の可能性も暗示している。当時としては驚くほど新しい研究成果に立脚して論を立てているが、しかし、これらのことは医学的研究の進展とのかかわりでも議論・吟味さるべき事柄なので、ここではカーソンがそうした視点を示唆していると指摘するにとどめよう。

第一二章でカーソンは、現代の人間に深刻な影響を与えるもの、それは放射線であり化学薬品だと言う。放射線の問題についてのカーソンの記述は多くはないけれども、ここでいささか注記しておこう。

原水爆禁止運動は一九五〇年代から存在したが、その運動は原水爆と戦争との結びつきへの危惧《きぐ》に重点を置くものだったし、その一部は「反帝国主義」運動を主眼とするものだった。一九七〇年代末以降、世界的に反核運動が高揚した。その場合、放射能汚染の問題が意識されていたことは事実だが、核ミサイルの配備問題とか、核戦争への危惧とかがより強く意識されていた。放射能汚染の問題は、スリーマイル島（TMI）原発事故（一九七九年三月）や、とりわけチェルノブイリ原発事故（一九八六年四月）によって、広く意識されるに至ったものだ。

カーソンのテーマは化学薬品の問題であり放射能の問題ではないが、一九六〇年代初頭という時点で、放射能の問題と化学薬品の問題を現代の深刻な問題だと把握し、「こういうことこそ、人類全体のために考えるべきであろう」(222) と書いたその視点は、カーソンの眼の確かさを語っている。こうしたカーソンの提起を当時率直に受け止めた学者の一人にエリク＝エリクソンがいた。彼は、一九六〇年代のある対談で、「結局、『爆弾』は人間が自身を破壊し傷つけるような、全体の巨大な技術の発達におけるたんなる一項目にすぎません。人間は、原子爆弾で自分自身を破壊するばかりでなく、最近、カーソンの著作『沈黙の春』を読まれたと思いますが、人間はいまや地球上の森林や水をよごし、駄目にしているが、将来は宇宙をもよごし駄目にするようになるでしょう」と述べていた。[*14]

科学者としての手腕

「一三　狭き窓より」細胞・染色体・遺伝子に、化学薬品はどのような作用を及ぼすか。この「一四　四人にひとり」問題が第一三章で概説される。

カーソンは『われらをめぐる海』で、科学史家としての力量を十全に発揮していたが、『沈黙の春』、とりわけその後半についても同じことがいえる。しかし、それだけではない。彼女は、同時代の生物学の最先端の研究をふまえつつ問題を解明していく。第一三章では、「細胞の酸化作用を明らかにしたことこそ、現代生物学、生化学の最大の偉業といってよい。[中略] ミトコンドリアの研究が脚光をあびはじめたのは一九五〇年になってからで、ここ五年間に千点を数える文献があらわれた」「ミトコンドリアはいろんな酵素がいっぱいつまった微小なつつみで、酸化循環を行うのに必要な酵素もそなえ、これらは壁や隔壁に順序正しくならんでいる」。だが、「みんながよく使っている殺虫剤には、酵素を破壊して酸化作用を止めるものが多い」(236以下) というのである。

また、染色体に関しても、「人間の染色体の研究はまだはじまったばかりで、環境の因子がどういう影響を染色体に及ぼすか、その研究はやっと最近できるようになったのである。たとえば、人間の細胞内の染色体数がわかったのは、一九五六年のことだ。四十六ある。新しい電子顕微鏡が発明されたため、［中略］染色体の細部までも観察できるようになった」。ここに「環境の因子」とあるものの一つは放射能であるが、カーソンは、「化学薬品にも放射能と同じ力がひそむことを知る人はどれほどいるだろうか。ほかならぬ医学や理学を研究している人でも、真面目に耳を傾けようとしない」(248)と書いている。遺伝子も、人工的にゆがめられるような状況が生じているとカーソンは考えた。[*15]

一九二七年、生物にX線を照射すると、次の世代で突然変異が起こる事実がつきとめられた。一九四〇年代には、マスタード（イペリット）ガスが放射能と同じ恒久的な変化を染色体に与えることが解明された。[*16] 染色体異常研究も一九五〇年代に進展した分野で、染色体異常がさまざまの病気と関連していることも明らかにされつつあった。だが「これらは、まだ新しい学問の分野で、いままではもっぱら染色体異常と病気や発育障害との関係を調べるのにいそがしく、まだ原因調査までは手がとどいていない。」(253)カーソンはこの原因の一つに、ある種の化学薬品があると考えた。

『沈黙の春』は、その書き出しが寓話ふうになっているため、環境問題にかんする啓蒙書《けいもうしょ》のような印象を持つ人もいるかもしれないが、その第一三章などは、それらの分野の最新の研究成果をふまえつつ、医学や生化学の先端部分にいる人々に問題提起する形で書かれている。そこには切迫した感情が横溢《おういつ》している。その危機感は、彼女が、「細胞の主な特徴――たとえば有糸分裂など、五億年も前から続いてきているにちがいない。いやもう十億年になるかもしれない」というある研究者の『生命』という著作からの引用に続けて、その五億年続いてきた営みが、二〇世紀の半ばに放射線や化学薬品のために狂い出しているのではないか、と述べているあたりに如実にあらわれている。

癌《がん》の問題が論じられる第一四章は、科学者としてのカーソンの力量と同時に、科学史家としてのカーソンの力量が遺憾なく発揮された記述になっている。

発癌性の自然因子もないことはないが、その数は少ない。だが、人間は発癌性の物質を作り出した。最初は煤《すす》。癌の原因が工業の発達と関係があるとわかりはじめたのは、一八七五年以後だという。「二十世紀になると、無数の化学的発癌物があらわれ、人間は、いやがおうでも毒にとりかこまれて生活しなければならなくなった」(257)。こうして論は有機殺虫剤と除草剤に移っていく。*17 また、「広島の原爆で生き残った人たちは、放射線をあびてからわずか三年後に白血病が発生している」(263)。新しい殺虫剤があふれた時、白血病はどうなるか。その他の病気に関してはどうか。また、合成洗剤は「安全」なのか。

カーソンは、「私たちみんなが《発癌物質の海》のただなかに浮んでいる」(278)というある学者の言葉を肯定的に引用している。そして、この状況を、伝染病の病菌との関連で説明している。パストゥールやコッホは、病原となる有機体のために病気が蔓延することを解明した。その結果として、多くの伝染病は人間の手で制圧されるようになった。予防が大切なのは、癌でも伝染病でも同様だ。伝染病の場合、その病原は人間の意志に反して広がった。しかし、発癌物質は人間の手で広められている。安楽な生活を求めるためにである。

放射能の問題と化学薬品の問題は現代の深刻な問題だと、カーソンは第一二章で書いていた。安楽な生活を求めるために、人類が自らの危機を招いているということも、同様に、あるいはそれ以上に現代の深刻な問題であり、それを指摘したところに彼女の眼の確かさがある。化石燃料を莫大に消費して、結果として地球の温暖化をまねくというのも、同じ構図だと考えれば、彼の指摘の的確さがわかる。

『沈黙の春』の意義は、合成殺虫剤・除草剤の過度の使用に警鐘を鳴らした点にあることは確かだ。しかし、本書でもしばしば指摘するように、現代に対する洞察を多層的に提起・示唆していることも、この本の特色である。その洞察は多様に提起されているので、一つ一つが詳細に展開されることはないが、カーソンの文明批評は、科学者としての考察の延長線上になされていて、単なる思いつきに過ぎないようなものは一つもない。

彼女の多層的な考察の中には、たとえばミヒャエル＝エンデの『モモ』（一九七三年）と共通するようなところもある。『モモ』は、「もっとよい、楽な生活」を求めるために「時間」を失っている現代人のあり方を問題にしていると読めるが、安楽な生活の追求が、人間の生活の基本を蝕《むしば》み、それに気付かないという現代の構図を、カーソンも洞察していた。

「一五　自然は逆襲する」

有機化学物質の人間生活や人体への影響の問題が、第一一章から第一四章で論じられた。第一五章と第一六章は昆虫論である。カーソンが『沈黙の春』の末尾近くに昆虫論を置いたのは、殺虫剤散布の対象となる昆虫の重大な特性を十分に認識しておくことが、殺虫剤が将来にわたって人間にどのような影響をもたらすかを考察する場合、極めて大切だと考えていたことによるのだろう。[*18]

自然の均衡、あるいは天敵のことから話が始まる。一匹のタラは、何百万という卵を産む。これがすべて順調に成長したなら海はタラであふれかえる。そこには、自然の制御が作用している。ジュリアン゠ハックスリーとオルダス゠ハックスリー兄弟の祖父であるT゠H゠ハックスリーは、一匹のアブラムシの雌から一年間に生まれる子どもが全部大きくなると、その重量は、当時の中国の住民の体重の総計に等しくなると算出したと、カーソンは紹介している。

周知の例だとしてカーソンが紹介しているのが、アリゾナ州カイバブ高原のシカの場合だ。ここは、グランド・キャニオンの北方にあたる。シカは、オオカミ・コヨーテ・ピューマなどによって餌食《えじき》にされ、その個体数が一定の範囲内に保たれていた。しかし、シカを「保護する」ためにオオカミやピューマを殺しつくしてみると、シカが異常に繁殖し、樹木の若葉は上のほうまで食いつくされ、自然全体に被害が及んだという。

この箇所を読むと、アメリカの自然保護思想の先駆者とされるアルド＝レオポルドの『砂の国の暦』[*19]（一九四九年）を連想する。彼の「山の身になって考える」というエッセイによれば、若き日のレオポルドは、「オオカミの数が減ればそれだけシカの数が増えるはずだから、オオカミが全滅すればそれこそハンターの天国になるぞ、と思っていた」。しかし、実際そうなってみると、「食べやすい低木や若芽が残らずシカにかじられて、最初は干からび、やがては枯死していくさまも観察してきた」「シカの群れがオオカミに戦々恐々としながら生活しているのと同様に、山はシカの群れに戦々兢々としながら生きているのではなかろうか」というのだ。

このエッセイ自身の中には、これがどの地でのことだとは書かれていない。しかし、「アリゾナとニューメキシコ」という標題の下にまとめられた一文であるから、カイバブ高原のことである可能性はある。カイバブ高原のシカの例を、カーソンは「よくひきあいに出される」としているが、彼女はレオポルドのこの著作を知っていた可能性がある。

もし知っていたとすれば、アメリカの環境保全運動の先駆者の間にいささかのつながりがあったことになるが、この本をカーソンが知っていたとしても、この例の位置付けは両者で異なる。レオポルドはこの例から、「山の身になって考える」というやや抽象的で倫理的な帰結を引き出した。

他方、カーソンは、この例を彼女の昆虫論の展開の前置きとして使用した。

それに、レオポルドはなるほどエコロジーに立脚して環境保全という観点を打ち出しはしたけれども、それを広汎な環境の危機として把握し切れたかどうか。しかし、両者の比較はさておこう。

オオカミやコヨーテを徹底的に殺してしまうとシカが増えるように、ある昆虫の絶滅がその昆虫に食べられていた昆虫の大繁殖をもたらすことはあり得る。

ある昆虫が別の昆虫を捕食するという例は枚挙にいとまがない、とカーソンは言う。スズメバチ、ツチバチ、テントウムシと例を挙げていくあたりは、ファーブルの『昆虫記』を連想させる（しかし、ここにファーブルの名前はない。そういう名前は、注記されていなくてもよいのである。優れた本読みは、注記されていなくても文章の背後にそれを読む。背後にそれが読めない者でも興味を引くであろう事例を、よい書き手は選び出す）。

殺虫剤によってある昆虫を「退治」すると、その昆虫が捕食していた別の昆虫が大発生するという事例を、カーソンは次々と並べて、殺虫剤の問題点を別の角度から論証しようとする。DDTの大量散布によって、各地で葉ダニが大量発生した。それは、葉ダニが比較的DDTに強いということもあるが、葉ダニの捕食昆虫が数多く死んでしまったために、葉ダニが増殖したからだ。類似の現象が各地から伝えられるとして、カーソンは具体例に即して、それぞれにその状況を説明している。パンドラの箱が開いたかのようだ（292）というのだが、カーソンは絶望してはいない。「数は少なくても、目の澄んだ人はいる」(301)のである。

「十六　迫りくる雪崩」第一六章も前章と同様に昆虫論だが、ここでは昆虫の耐性の問題が中心「十七　べつの道」になっている。

すでに一九一〇年代から、無機の薬品に対してではあったが、昆虫の耐性の問題は知られていた。新規の薬剤散布は、ひとまず「害虫」を駆除するが、やがて同じ昆虫でもその薬剤では駆除できない、つまり耐性のある昆虫が登場する。昆虫が抵抗するのである。かくして本格的な「昆虫抵抗時代」は、DDTの登場とともに始まった。「化学薬品が逆に問題をこじらせることぐらいはわかっていたはずであった。だが、ますます毒性の強い化学薬品があとからあとへとあらわれる」(306)。「ダーウィンは自然淘汰ということを説いたが、この説を何よりも如実に例証するのは、まさに抵抗というメカニズムだろう」(317)。「弱い」昆虫は死ぬが、「強い」昆虫は残る。一概には言えないにせよ、昆虫の世代交替の早さ、発生率の高さが、耐性を具えた昆虫を産み出す。

こうした事情を、アメリカ農務省関係者はひろく理解していない、とカーソンは嘆き、農務省年鑑一九五二年版を紹介している。それは、昆虫の耐性は認めつつ、次のように書く。「防除が完全に行われるには、さらに強力な殺虫剤を、もっと多量に使用する必要がある」(320)。

第一七章の「べつの道」とは、合成化学殺虫剤・除草剤の代替物のことである。これは『沈黙の春』の中で折りにふれて指摘されている。それは、化学的防除に代わる生物学的防除（たとえば天敵の利用）であり、植物の多様性の維持であり、病気に関しては予防の強調であり、非化学的な既存の駆除方法の活用及びその事例研究・調査であり、化学薬品使用の場合における毒性の弱いものの限定的な使用であり、消費者の啓蒙などだった。しかし、これらは、即効性に欠ける場合が多い。そのことはカーソンも十分意識していたのだろう。この最終章では、生物学的防除学として、研究の方向性を提起している。といっても、カーソンが何か独特の解決法を案出するというのではない。従来からある研究の中に、「べつの道」の手がかりを得ようというのだ。

まず、昆虫の雄の不妊化をX線照射によって行うという案だ。一九五四年、この方法でカリブ海のキュラソー島のアブは撲滅された。しかし、この方法には技術上なかなか困難なところがあるという。その他、カーソンは、化学薬品による雄の不妊化、昆虫の誘引剤の開発、微生物の利用などの試みに言及している。これという決め手になる方法が提起されているわけではないが、いくつかの試みが紹介されている。

カーソンの力点は、合成殺虫剤の大量散布への批判にあって、その代案の提起にあったのではない。個別的・具体的な代案の包括的な提起には、膨大な経験の集積が不可欠だろう。カーソンの感情は切迫していた。「世界中あちこちからの報告を見るたびに、私たち人間は、抜きさしならぬ羽目におちこんでいるのを知らされる」（284）

その切迫感こそが、膨大な事例を収集して要約し、自らの自然観を語り、その視点から錯綜《さくそう》した事例をしかるべく圧縮・配列して、『沈黙の春』を世に送らせた。

『沈黙の春』の最後には、「私たちの住んでいる地球は自分たち人間だけのものではない」(346)という言葉によって示されるような自然観が述べられている。そして、「この考えから出発する新しい、夢豊かな、創造的な努力」ともある。そうした希望の存在を告げて、カーソンは『沈黙の春』を結んだのである。

『沈黙の春』出版の後

出版

カーソンが渡した原稿を読んだ週刊誌『ニューヨーカー』の編集者ウィリアム＝ショウンは、原稿を読み終えた後、電話でカーソンの期待通りの反応を伝えてきた。それによって彼女は、この著作が好評を得ることを確信し、愛好するベートーヴェンのヴァイオリン協奏曲を聞いた。「すると、突然、四年間の緊張が解けて、涙が溢れ出てきました」と、その喜びを、ドロシー＝フリーマンへ手紙（一九六二年一月二三日付）で伝えている。

自分の出来ることは、すべて成し遂げえた――いまここに、私の本はそれ自身の新しい生命を獲得しつつあるのだ――という深い満足感が私の胸のうちに大きく波打っていました。

一九六二年六月一六日、『沈黙の春』は週刊誌『ニューヨーカー』に連載され始め、同年九月二七日にホートンミフリン社から単行本として出版され、一〇月にはベストセラーの第一位になった。すでに雑誌連載の時から、全国的に大きな反響を呼んでいた。「サイレント・スプリング」は、いまや騒々しい夏（noisy summer）になった」と『ニューヨーク・タイムズ』の記事（一九六二年七月二二日付）が書くほどであった。この本を読んだ少なからぬ人々は、この本から教えられたところに怒りを感じ、ペンをとり、この本の編集者や議員や市長や行政や有名人に手紙を書いた。また、カーソンのところにも、何千という読者からの手紙が殺到した。最高裁判事のウィリアム＝O＝ダグラスのような人にも賞賛され、この本に好意的な書評を寄せた学者たちも少なくなかった。

'Silent Spring' Is Now Noisy Summer

Pesticides Industry Up in Arms Over a New Book

By JOHN M. LEE

The $300,000,000 pesticides industry has been highly irritated by a quiet woman author whose previous works on science have been praised for the beauty and precision of the writing.

The author is Rachel Carson, whose "The Sea Around Us" and "The Edge of the Sea" were best sellers in 1951 and 1955. Miss Carson, trained as a marine biologist, wrote gracefully of sea and shore life.

Rachel Carson Stirs Conflict—Producers Are Crying 'Foul'

fending the use of their products. Meetings have been held in Washington and New York. Statements are being drafted and counter-attacks plotted.

A drowsy midsummer has suddenly been enlivened by the greatest uproar in the pesticides industry since the cranberry scare of 1959.

Miss Carson's new book is entitled "Silent Spring." The title is derived from an idealized situation in which Miss Carson

カーソンの写真入りで『沈黙の春』が引き起こした波紋の大きさを伝える『ニューヨーク・タイムズ』紙。写真は1962年７月22日号の複写

ヘンリクソンは、『沈黙の春』が大きな反響をよんだ一つの前提として、この本の出版の直前に問題化したサリドマイド禍があるとしているが、そのことも一つの条件にはなっていたであろう[*20]（ヘンリクソン、11〜12）。

『沈黙の春』に対して、化学工業協会とか栄養協会などが多額の資金を使って「反論」のための印刷物を作製・配布した。一例をあげれば、「レイチェル＝カーソンの沈黙の春」という一九六三年の『CBSレポート』の中で、アメリカの総合化学会社であるアメリカンサイアナミッドにかかわりのあるロバート＝ホワイト＝スティーブンス博士が、「もしもミス・カーソンの教えに忠実にしたがうならば、われわれは暗黒時代に戻ることになろうし、昆虫と病気と

害虫とが地球を再度占領することになろう」[*21]と論じたという。こうしたカーソンへの個人攻撃も少なくなかった。他方、カーソンのところに講演依頼が数多く舞い込んだ。彼女は、同じ内容の講演をさまざまの場所で飽きもせず繰り返す輩《やから》と異なって、真に重要だと判断されるところでしか講演しようとしなかったし、自分への批判にモグラ叩きのように対応する組織・勢力と異なって、『沈黙の春』への攻撃の少なくない部分をやりすごした。全力を尽くした『沈黙の春』を読めば、評価する人はするであろうし、具眼の人には不当な批判は取り上げるに値しないものと見えるだろう。[*22]「有名人」を「現実に」見たことに何か特別な意味があるかのように吹聴するといった心性の横溢は現代の特色の一つだが、そうした心性の持ち主に何か訴えても、何の力にもなりはしないだろう。しかし、カーソンは、殺到した手紙に可能な限り返事を書こうとしていた。

カーソンは『海辺』の最終節で、「渚に満ちあふれる生命をじっと見つめていると、私たちの視野の背後にある普遍的な真理をつかむことが並大抵な業ではないことをひしひしと感じさせられる」（海辺、308）と書いた。ダーウィンの擁護者でもあったT＝H＝ハックスリーが造語した「不可知論者」的な発想である。[*23]「真理」はおのが側にありとして熱狂して運動するような心性を、カーソンは持ち合せてもいなかった。

ベルシコール社の圧力

『沈黙の春』の反響の一つとしてポール＝ブルックスが紹介しているのが、企業からの圧力である。『沈黙の春』第三章でDDT以上の有毒性があるとされているクロールデンだが、その製造企業でもあるベルシコール社は、雑誌連載中の『沈黙の春』のクロールデンの記述には誤りがあるとし、この原文通りの本が出版されるなら告訴も辞さないと主張した。しかし、カーソンの記述に信頼性があると考えていた出版社はこの主張を相手にせず、ベルシコール社も告訴には至らなかった（B、290）。

このベルシコール社には後日譚がある。一九六三年一一月、ミシシッピ川下流で五〇〇万匹と推定される魚が死んだ。この川の水は、多数の人々の飲料水の水源でもあった。これはルイジアナ州当局の手には負えず、全国的な問題となった。原因究明の努力が重ねられ、『沈黙の春』が、「エンドリンにくらべれば、この系統の親であるDDTなど、ほとんど害がないといってもいいくらい」(39)の劇薬だとしたそのエンドリンによるものと解明された。各地のサトウキビ畑に、エンドリンは散布されていた。しかし、この問題を追及した科学者たちは、その際の魚の大量死は、そうした散布による急性死ではなく、大量の川の水で希釈された少量のエンドリン摂取による亜急性死であると判断した。そして彼らは、ルイジアナ州とはミシシッピ州・アーカンソー州によって隔てられてた、テネシー州のメンフィスでエンドリンを製造しているベルシコール社の工場廃液の投棄が犯人だとつきとめた。この経過は、フランク＝グレアム＝ジュニアの『サイレント・スプリングの行くえ』第七章「カーソンの悪夢はあたった」に詳述されている。

沈黙の春ならぬ「騒々しい夏」の八月二九日、ホワイト・ハウスでの記者会見で、ある記者とケネディ大統領との間に次のようなやりとりがあった。

質問　大統領閣下、DDTやその他の農薬の使用により、広範囲にわたる危険な副次的影響があらわれるであろうということについて、科学者の間で関心が高まりつつあるように見受けられます。閣下は、農務省や公衆衛生院に、この問題についてより詳細に調査するよう求められたことがありますか？

ケネディ大統領

答　そのとおりです。私はすでに、農薬について問題が起っていることを知っています。それは特にカーソン女史の著書が出版されてからのことであると考えておりますが、現在、関係当局に調査させております（B、300）。

というのである。大統領は、『ニューヨーカー』に載った「沈黙の春」を知っていたのである。単行本としての出版の後、大統領夫人ジャクリーン＝ケネディは、農薬使用の話を聞くため、カーソンをホワイト・ハウスに招いた（ヘンリクソン、79）。

大統領は、この間の農薬をめぐる論争について調査するよう指示し、それを受けて大統領科学諮問委員会の科学技術特別委員会は、農薬委員会を設置した。この委員会は、八カ月後の一九六三年五月、報告書「農薬の使用」を公表したが、そこでは、農薬企業と農務省が批判され、カーソンの調査の科学的な正確さが評価され、農薬の毒性の問題に関する『沈黙の春』の先駆性が指摘されていた。

カーソンは、『ニューヨーク・ヘラルド・トリビューン』（一九六三年五月一九日）に寄せたエッセイで、「私は、人類に対する主要な問題であると私が考えていることがらに、この報告書が同意してくれたことを嬉しく思っています」と書いた。

これと前後して、環境破壊に関する上院委員会で、公聴会（コネティカット州選出の議員エイブラハム＝リビコフを委員長とするリビコフ委員会）が開始されるなど、農薬の問題は連邦レベルで検討されるに至った。六月四日には、カーソンはリビコフ委員会に出席し、証言した。その時、ジャーナリストやカメラマンが大挙して押し寄せ、大混雑となるほどカーソンは「時の人」となっていた（スターリング、2）。証言を終えた時、リビコフはカーソンのもとに歩み寄った。一冊の本を手にしていたが、それは彼の『沈黙の春』で、そこに彼は著者の署名を求めたのだった。続いて六月六日には、上院の商業委員会に出席した。カーソンが『沈黙の春』で訴えたことは、行政に耳を傾けさせるという意味では、一定の効果があったといえよう。

シェファーによれば、一九六四年、アメリカ議会は「連邦殺虫剤・殺菌剤・殺鼠剤法」（ＦＩＦＲＡ）の修正案を可決したが、ジョンソン大統領はその法律に署名する際に、「このような対策を求める声——すなわちレーチェル＝カーソンの声が——がこのようにしばしば、このように美しい文体で現在もなお続いていることを、私は残念に思う。彼女が生きていたら、この法案とこの瞬間を誇りとしたことであろう」と述べたという。[*24]

時間が前後するが、一九六二年に『沈黙の春』を読み、深く憂えたある女性は、回りの人々にそれを伝え、自分の娘と息子にもこの本の貴重さを教えた。その息子は後に、『地球の掟（Earth in the Balance）』（一九九二年）という本を書き、そこでカーソンの本のことを話してくれた母にも言及した。その息子は、アル＝ゴアという名前で、クリントン政権の副大統領となった。[*25]

ＤＤＴなど——その後

『沈黙の春』で論じられた農薬自体が、その後どのように扱われたかという問題は、決して小さい問題ではないが、この本では、そのことには立ち入らず、若干の問題だけを記しておくことにしよう。

ＤＤＴによる汚染の問題は、『沈黙の春』によって大きく取り上げられたのだが、その後、この汚染は、全世界的なものとなっていることが明らかとなった。「ＤＤＴはアラスカのエスキモーからニューデリーの市民にいたるまで、全世界のすべての地域の人間の体内脂肪に蓄積されつつある」[*26]

アメリカ合州国政府は、一九七二年にＤＤＴを禁止した。[*27] 日本でも、七一年五月一日に失効とされている。[*28] ＥＣでは、一九七九年に「ＤＤＴ禁止等を定めた農薬指令」が出されている。[*29] しかし、

ＤＤＴやＢＨＣなどの農薬は、先進国においては使用が禁止または制限されているが、第三世界においては広く使われてきた。[*30]

仮にある特定の農薬が使用中止となった場合、その影響がどのように減少していくかという問題は、『沈黙の春』では扱われていない。『成長の限界』の著者たちは、もし一九七〇年にＤＤＴの使用を中止したならば、自然環境におけるＤＤＴの量がどう変化するかを計算した（上図参照）。これによるなら、土壌中のＤＤＴはまもなく減少しはじめるが、魚類の体内にあるＤＤＴはなかなかもとの水準に回復しないという。[*31] この図は、第三世界における使用の継続という要素を含んでいないので、世界全体の現実の動向を示すものとはほど遠

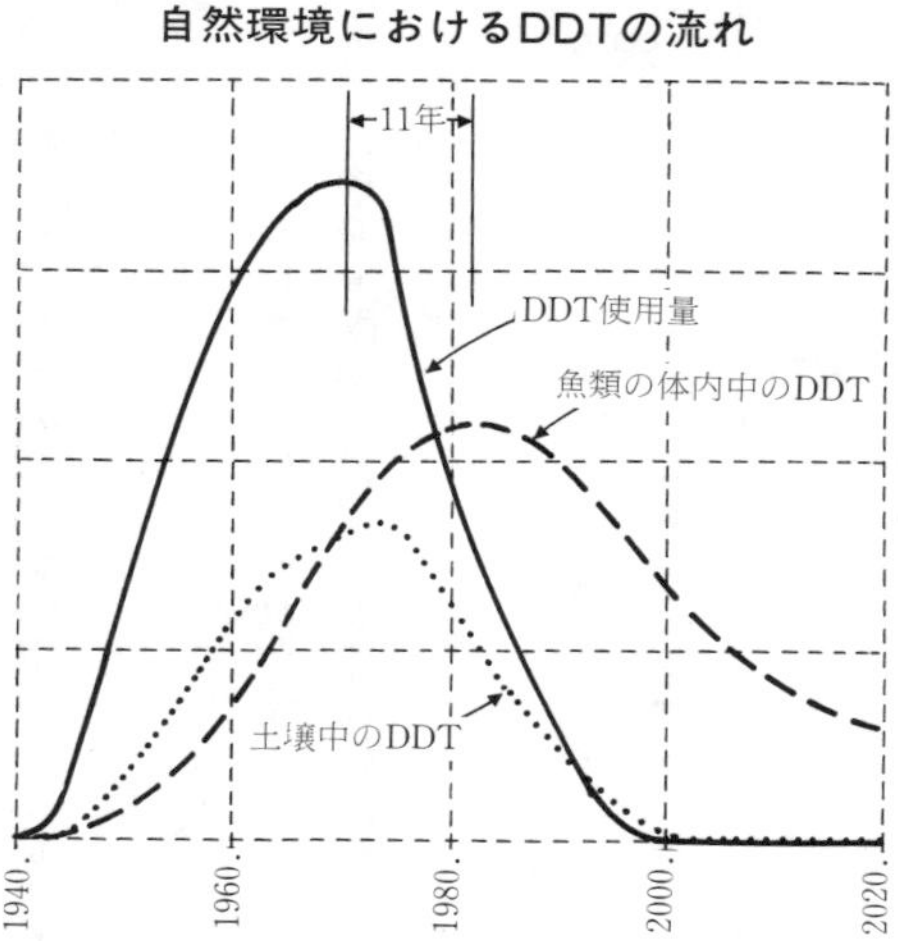

もしも，1970年からDDTの使用量を減らしはじめたならば，自然環境におけるDDTの量が各段階でどう変化するかを推定するための計算を図示したものである。1970年までの使用量は，実績値である。使用量を減らしはじめると，土壌中のDDTはすぐに最高値に達して減少をはじめるが，魚類の体内にあるDDTは11年間も上昇が持続し，1995年にいたらなければ1970年の水準に回復しない。鳥類や人間のように魚を食べる生物の体内のDDTは，さらに長い時間遅れをもって反応するであろう。

『成長の限界』p.67より

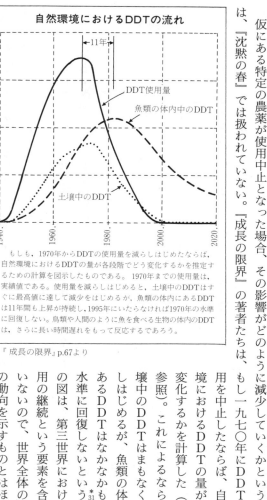

い。けれども、特定の農薬が使用中止となっても、その影響は一定期間持続するということを確認する意味では、この図は明快である。現実には、使用された、あるいは今も使用されている合成農薬はDDTに限られるわけではないから、環境汚染自体は拡大・深化していることになる。

また、こうした農薬は、それが使用されている国・地域の人々に影響があることは無論であるが、それらの地域・国からの輸入農産物の消費者への影響の問題は、「農薬ブーメラン」と呼ばれ、つとに問題になっていた。[*32]

栄光と死

カーソンは一層高名となり、さまざまな栄誉を受けることになった。一九六三年一月、アルベルト・シュヴァイツァー・メダル[*33]を受け（B、309）、三月には全米野生生物連盟の「年次保護者」賞を受賞（B、313）した。一二月にはオーデュボン・メダル、アメリカ地理学協会のカラム・メダルを受け（B、316）、アメリカ美術文芸アカデミーの会員に選ばれた（同）。『ニューヨーク・タイムズ』は、カーソンがノーベル賞を受けるべきだという論説（editorial）を載せたという（ヘンリクソン、82）。

また、一九六三年春、イギリス上院では、有毒な薬剤の散布についての議論がたたかわされ、そこではカーソンの名前と著作がしばしば言及された（行くえ、98）。

一九六三年、『沈黙の春』の翻訳が、フランス、ドイツ、イタリア、デンマーク、スウェーデン、ノルウェー、フィンランド、オランダで出版され、続いて、スペイン、ブラジル、日本、アイスランド、ポーランド、イスラエルで翻訳が出た[*34]（B、307）。

一九六四年一月までに、『沈黙の春』は六〇万部が印刷されていた（B、317）。

この間に、癌がカーソンの体を蝕《むしば》んでいた。彼女は、すでに述べたように一九六〇年末に自己の癌を知ったが、自己の生命の長くないことを予感しつつ、癌についての記述も含んだ『沈黙の春』を書きあげ、体力の衰えていた六三年に、あえてカリフォルニアの「ミュアの森」を見に行ったのだった。

ワシントン大聖堂（Washington National Cathedral）。レイチェル＝カーソンの葬儀は、ここで行われた

カーソンは、一九一七年にアメリカ生態学会の一委員会として誕生したものの後身である「自然管理委員会」に対し、亡くなる前に遺志として多額の寄付を行ったという。[*35]
一九六四年四月一四日、レイチェル＝カーソンは、メリーランド州シルバー・スプリングで乳癌のため死去した。五六歳であった。『沈黙の春』で、カーソンは合成化学物質と癌との関係について書いていた。彼女は、アル＝ゴアが『沈黙の春』序文で述べているように、いわば自己の命と引き換えに『沈黙の春』を世に送ったのだった。四月一九日、ワシントンにあるワシントン大聖堂で葬儀が行われた。葬儀には、スチュワート＝ユーダル内務長官やリビコフ上院議員なども参列した。リビコフ議員はまた、合州国上院の議場で、次のような言葉を送った（行くえ、105）。

このもの静かな婦人は、二十世紀中期の生活のうちでもっとも重要な問題の一つ——人間による環境の汚染——に対してあらゆるところに住む人々の関心をよびさました。

カーソンは葬儀の際に、『海辺』の最終節が読まれるよう依頼したという（ハーラン、116）。その節の冒頭は、ここから四つ前の「出版」という小見出しの部分の終わりに引用したが、カーソンはその後に、ケイ藻やフジツボやアミメコケムシのような生物が無数に存在する意味はいったい何かと問い、次のように結んでいた。

これらの意味は、いつまでも私たちにつきまとい、しかも私たちは決してそれをつかまえることはできないのだ。しかしながら、それを追求していく過程で、私たちは生命そのものの究極的な神秘に近づいていくだろう。

注

＊1——ミュラーは、製薬会社チバ・ガイギー社に所属していた。チバ・ガイギーは、日本ではスモン病の名前とともに記憶されている。
＊2——陸井三郎『ハリウッドとマッカーシズム』筑摩書房、一九九〇年、参照。
＊3——ヤノーホ『カフカとの対話』筑摩書房、一九六七年、3頁。
＊4——『沈黙の春』の日本語訳（新潮文庫版）にはこの注はなく、訳者でない人の文庫版「解説」にも、カーソンの注への言及がない。注意深く『沈黙の春』を読めば、それがいかに多大な諸研究や多くの人々の助力の上に成立しているかを想像するのは、困難ではない。しかし、実際の注の量は、多くの人の想像を越えるものだろう。『沈黙の春』の注に関しては、その量的なことのほかに、引用文献の新しさも目を引くように思われる。カーソンの付けた注のうち、試みに、著作や論文の発表年が一九五八年以後のものを数えると、明記されているものだけで二八〇を越える。可能な限り新しいデータを盛り込もうとした彼女の姿勢を、この数字から読み取ることができよう。
＊5——ロバート＝シルヴァーバーグ『地上から消えた生物』佐藤高子訳、ハヤカワ文庫、一九八三年。
＊6——スコット＝R＝サンダース編『オーデュボンの自然誌』西郷容子訳、宝島社、一九九四年、150頁。
＊7——チャールズ＝エルトン『侵略の生態学』原著は一九五八年、川那部浩哉・大沢秀行・安部琢哉訳、思索社、一九八三年、II章「多様性を保護せよ」。
＊8——同、182頁。
＊9——『「サイレント・スプリング」再訪』52頁。

＊10――『ヒチコック 映画術』山田宏一・蓮實重彦訳、晶文社、一九九〇年、262頁。

＊11――一九六〇年代に、アメリカはベトナムで枯葉剤を散布した。この問題については、SIPRI編『ベトナム戦争と生態系破壊』岸由二・伊藤嘉昭訳、岩波書店、一九七九年、など参照。また、「アメリカ国内では農薬の使用を禁止ないし抑制しながら、ベトナムではこれを無制限に使用していることの矛盾を突いて、一九七〇年七月、ベトナムでの農薬禁止決議案をアメリカ上院に提出したネルソン、グッデル両上院議員は、南ベトナム人民一人当り二・八キロの農薬が散布されたという驚くべき数字をあげている」（陸井三郎『インドシナ戦争』勁草書房、一九七一年、166～167頁）。

＊12――ロバート＝バンデンボッシュ（『農薬の陰謀 「沈黙の春」の再来』矢野宏二訳、社会思想社、一九八四年）は、農薬企業のあり方などを厳しく批判した。『沈黙の春』から約一五年が過ぎていた。

＊13――『沈黙の春』（新潮文庫）には、この章で「勝手気ままに食物に毒をふりかけておいて、あとで毒があるかどうか検査をする――まさにルイス＝キャロルの《不思議の国のアリス》に出てくる、白い騎士そっくり。《ほほひげを緑に染めては、人に見られないようにいつも大きな扇子を使っている》」（219）とある。いささか些末なことだが、原文には「ルイス・キャロルの『白の騎士』」とあるだけであって、「白の騎士」が登場するのは、『不思議の国のアリス』ではなく『鏡の国のアリス』である（キャロル『鏡の国のアリス』高杉一郎訳、講談社文庫、一九八八年、参照）。

ここで、『沈黙の春』（新潮文庫、一九九二年改版）の訳文について一言しておく。この訳は、善し悪しとは別に、英語原文からかなり離れる場合も見受けられる。たとえば、「六」に引用した「化学薬品は、いまや現代の花形なのだ」（85）という箇所は、原文では"The chemical weed killers are a bright new toy."p.68）となっていて、訳文から原文を推定することは困難である。また、ここだけに関して言えば、原文には非常に皮肉なニュアンスがあると思うが、この日本語訳でそれが出ているかどうか。しかし、この文庫本が広く読まれて来たということも事実であるので、本書では、多くの読者の便宜を考え、基本的にこの文庫本の訳にしたがっている。

＊14――エヴァンズ『エリクソンは語る』岡堂哲雄・中園正身訳、新曜社、一九八一年、135頁。このエリクソンは、もちろん『幼児期と社会』などの著作やアイデンティティ論で知られる精神分析学者のE＝H＝エリクソンである。

＊15――染色体異常との関連で日本で問題化した（一九七二年）ものの一つに、防腐剤として使用されていたＡＦ２がある。

＊16――カーソンは書いていないが、イペリットガスは、第二次世界大戦中に日本軍も毒ガス兵器として製造していたことで知られる。一九三一年から敗戦までに、日本軍は毒ガス兵器を七四六万発製造していたと、ワシントンの米国立公文書館の米軍極秘調査文書に記載されていることが判明した。一九九四年八月四日付『熊本日々新聞』。

＊17――発癌性との関連で日本で問題化したものの一つが、水田除草剤ＣＮＰ（クロルニトロフェン）で、厚生省は一九九四年三月七日、その「使用自粛」を通達した。ＣＮＰに対しては、すでに一九七七年に発癌性との関連で疑問が出されていた。

＊18――人間の歴史における昆虫の役割については、トンプソン『歴史を変えた昆虫たち』小西正泰訳、思索社、一九八二年、参照。欧米の事例中心だが、デティアー『生態系と人間――昆虫・農薬・植物――』桐谷圭治訳、岩波書店、一九七九年、も昆虫の問題を論じ、また、カーソンにも言及している。

*19——アルド＝レオポルド『砂の国の暦』は、『野生のうたが聞こえる』（新島義昭訳、森林書房、一九八六年）として翻訳されている。この本でレオポルドは、「土地倫理（land ethic）」という着想を述べた。倫理が人間の共同体を前提にして成り立つとした上で、「この共同体という概念の枠を、土壌、水、植物、動物、つまりはこれらを総称した『土地』にまで拡大した場合の倫理をさす」と規定している。

*20——一九五九年にヨーロッパで発売され始めた睡眠薬サリドマイドは、多くの妊婦にも服用されていた。一九六二年初め、西ドイツで少なからぬ奇形児の誕生がサリドマイド服用の結果と判断され、衝撃は各国に波及した。日本でも、六二年五月、サリドマイド系睡眠薬の出荷を「自主的に」停止する会社が出て、九月には、日本の製薬五社が販売停止に踏み切った。その同じ九月に、『沈黙の春』が単行本となったのだった。サリドマイド事件と『沈黙の春』出版とが直接の関係を持たないことは無論である。しかし、この事件は、至便と見える化学合成物質も、十分に検査されずに使用された場合、時として恐るべき結果をもたらし得ることを、世界の人々に知らしめた。

*21——Craig Waddel, "Saving the Great Lakes", In *Green Culture. Environmental Rhetoric in Contemporary America*, Edited by Carl G. Herndl and Stuart C. Brown, The University of Wisconsin Press, 1996, p.162 n 12.

*22——ナッシュ『自然の権利』（原書、一九八九年）は、「レイチェル・カーソンの『沈黙の春』は、ブックチンの［『私たちの合成環境』の］激しい思想の多くを盗用したもので、『人間の自然支配は、現実の人間的秩序による人間支配から生れた』というテーゼを、はっきりと打ち出したのはブックチンの本であった」（訳書、TBSブリタニカ、327頁）と書いている。こんな「テーゼ」が『沈黙の春』には見られないことは明白だが、カーソンは、『沈黙の春』への攻撃を予想して、次のように書いていた。「きわめて多数の人びとが——まことにもっともな動機から——勝手

に攻撃しやすい目標を設定して、根拠のない言説をぶつけてくるでしょう。私たちは、そんなものに気をとられる必要がありません」(一九五九年一二月三日付の手紙)(B、258)。ナッシュの本はさておき、最近の「環境学」「環境倫理学」のおびただしい数の出版物の中には、「環境」よりも「環境学」が重要であるかのような本、「環境」よりも倫理学という「学問」が重要であるかのような論文が散見される。本末転倒もはなはだしい、と思う。

＊23——『ジュリアン・ハックスリー自伝(1)』太田芳三郎訳、みすず書房、一九七三年、12頁。

＊24——シェファー『環境保護の夜明け』内田正夫訳、日本経済評論社、一九九四年、215頁より引用。

＊25——アル＝ゴア『地球の掟　文明と環境のバランスを求めて』小杉隆訳、ダイヤモンド社、一九九二年、6頁。なお、この本には、「我々は今日『沈黙の春』が出版された当時より、一万三〇〇〇倍も多くの殺虫剤を生産している」(161頁)とある。

＊26——D＝H＝メドウズ他『成長の限界』大来佐武郎監訳、ダイヤモンド社、一九七二年、69頁。

＊27——フレチェット編『環境の倫理』下巻、京都生命倫理研究会訳、晃洋書房、一九九三年、539頁。

＊28——植村振作他『農薬毒性の事典』三省堂、一九八八年。

＊29——ワイツゼッカー『地球環境政策』前掲、43頁。

＊30——農薬禍の第三世界への拡大に関しては、ウィヤー、シャピロ『農薬スキャンダル』鶴見宗之介訳、三一書房、一九八三年、など参照。

＊31——前掲書『成長の限界』67頁。

＊32——たとえば、『地球白書'88—'89』松下和夫監訳、ダイヤモンド社、一九八九年、192頁。

*33――『沈黙の春』はシュヴァイツァーに捧げられている。なお、『沈黙の春』の扉に掲げられたキーツの詩は、一八一九年四月二一日付の彼の手紙に見える。ジョン＝キーツ『詩人の手紙』冨山房百科文庫、一九八七年、所収。

*34――ここに記された言語の中には、旧ソ連・東欧圏の言語がポーランド語しかないことに注目されたい。フレッド＝ピアス『緑の戦士たち』（平沢正夫訳、草思社、一九九二年）によれば、ハンガリーでは、一九七〇年代に『沈黙の春』の翻訳が進行した。当局も、この本が西側諸国の環境破壊の告発に役立つと見たらしい。しかし、「農務省の同志」が、「ハンガリー国内の農薬づけの牧草地に対する反対運動に火をつけかねないと指摘」（142頁）して、出版は中止となったという。八九年に再び翻訳の話がもちあがったとピアスは書いているが、これは、東欧の環境問題が西欧のそれ以上に深刻であることと関連している出来事だといえよう。

*35――シェファー、前掲書、6頁以下。

Ⅳ　カーソンの思想――その側面

アメリカ合州国における環境主義の先駆者たち

一九七二年の「国連人間と環境会議」（ストックホルム）のために書かれた『Only One Earth』の執筆者の一人であるルネ＝デュボスは、「ヨーロッパにおける自然愛護運動は、産業革命の蛮行に対する反動として一九世紀に勢いを得た」[*1]と書いている。[*2]

アメリカ合州国の場合も、その環境主義の思想的・組織的な起源は一九世紀末にさかのぼり、最も初期の影響力ある団体としては、シエラ・クラブ（一八九二年設立）とオーデュボン協会（一九〇五年設立）がある。その後にも環境団体の設立はあるが、一九六〇年代の公民権運動や反戦運動の後に、草の根的な環境運動が勢力を拡大した。その本格的な台頭は一九七〇年代であり、八〇年代には、アメリカの環境主義はさまざまな環境運動や環境団体の興隆によって著しく多様化した。[*3]

こうした運動や団体の動向については、ドナルド＝オースター『ネイチャーズ・エコノミー』[*4]などの記述にゆずり、ここでは伝統的な「環境主義」にかかわる注目すべき三人について見ておこう。

カーソンと何らかの接点のある彼らの思想を一瞥《いちべつ》すれば、カーソンの思想のいくつかの面が明らかになるだろう。また、これら三人の著作を読み返すことは、平凡なエコロジー思想史の概説書を読むよりもはるかに面白く、また、示唆される点も少なくないのである。

オーデュボンとの比較

『沈黙の春』には、全米に大きな会員数を持つ自然保護団体オーデュボン協会のことが五回出てくる。この協会は、ジョン＝ジェームズ＝オーデュボン（一七八五～一八五一）の名に由来する。カーソンは、『海辺』ではオーデュボン自身のことにも言及している(19)ので、オーデュボンの活動と思索を一瞥して、カーソンの見方と比較してみよう。

オーデュボンは、一八二七年から三八年にかけてアメリカに生息するすべての鳥類を原寸大・原色図版で記録しようと企図して『アメリカの鳥類』に取り組み、出版した。この巨大な書物に描かれた鳥の数は約五〇〇種類、一〇〇〇羽にも及んだ。著作・日記・手紙なども膨大に残されている。交通手段の極めて乏しい一九世紀前半に、南はフロリダから北はカナダのケベックまで、河川を利用し、馬に乗り、憑《つ》かれたように歩き回った。鳥の優美な空中での動きに心をひかれ、楽しそうな歌声に聞き入り、獲物を目掛けて滑空する鳥に目を奪われ、その巣に接近して鳥を観察し、

オーデュボン1826年、ジョン＝サイム作

描きに描いた。その自己規定によれば、彼は「自然観察に喜びを見出す能力に恵まれて」いた「自然を学ぶ学究の徒」、「ナチュラリスト」であり、「アメリカの森の男」と呼ばれていた。[*5]

コンスタンス゠ルーアクの『オーデュボン伝』には、オーデュボンが新種だと見た鳥を果てしなく追いかけて行く様子などが印象深く描かれている。[*6]『オーデュボンの自然誌』によれば、「イヌワシの動きを観察するのにまる一日つぶれてしまった。翌日は、その姿をもっとよく表現する角度を決めるのに費やした」といった調子で、その観察は徹底していた。アメリカシロヅルは「日中しか食べ物を食べない」が、「モグラやノネズミ」を飲み込むことも時にはあるし、そうとう長いヘビを飲み込むのもさほど珍しくない。ある一羽を解剖したところ、胃のなかに長さ三八センチ以上のガーターヘビが入っていたという具合で、解剖もしたし、鳥の剝製《はくせい》も膨大に作って、鳥の細部を事細かに調べた。このアメリカシロヅルの正確な状況を観察しようとするあまり、接近しすぎて鳥に攻撃されたりもした。彼は、ナキハクチョウについて書いている。

> このハクチョウがどれほど美しく優雅か、その完璧なイメージを得るには、こちらが近くにいることを向こうに悟らせずに観察することが肝心だ［中略］そういうときは、じつにゆったりと優美な曲線を描いて動くのだ。［中略］とても言葉に言い表せないほど幸福で、心がなごむ心地になる（245）。

というのである。このような至福感は、おそらくカーソンも、いや、本物の自然観察者なら共有するところであろう。

ルーアクの『オーデュボン伝』によれば、オーデュボンは「飽くことなき略奪が野生の自然にもたらす結果を予見する」ような「予言者」ではなかった(27)という。この指摘は基本的には正しいだろうが、オーデュボンに人間による「略奪」に関する視点が皆無だったとはいえない。一八四三年八月五日に彼は、

この大平原と呼ばれる荒野のあちこちでは、ただでさえ、たくさんのバッファローが死に、あるいは毎日のように大量殺戮がくりかえされている。［中略］もう何年もしないうちに、バッファローも、あのウミガラスと同様に、絶滅してしまうことだろう。そんなことが許されていいものだろうか(『オーデュボンの自然誌』306)。

と書いている。そして彼は、その過程が合州国の広大な土地の「開拓」によるものであることを、「森林の破壊」(47)に伴うものであることを、十分に意識していた。

けれども、オーデュボンの本領は、「森が日中は斧で伐られ、夜は火事で失われる」といった状況の記録や、それへの抗議にあったのではなく、あくまで、彼を引きつけてやまない鳥たちを描くことにあった。彼によって描かれた鳥の中には今日では絶滅してしまったリョコウバトやカロライナインコなども含まれていて、『アメリカの鳥類』は結果的にアメリカ史の一面を記録するものとなっている。

その点、カーソンが自然破壊に抗議して『沈黙の春』を書いたのとは、あるいは現代における環境の危機を先駆的に訴えようとしたのとは、大きな隔たりがある。さらに、オーデュボンの視点とカーソンの視点は、別の面でも異なっている。オーデュボンがあくまで「鳥」に執着したのに対し、カーソンは「場」を描いた。『潮風の下で』は、たとえばヴァージニア沖から動き出したサバ、その動きを不安に感じるカタクチイワシ、付近のプランクトン、その上を飛ぶカモメたちなどを、一つの「場」において描いた。『海辺』の描写がさまざまな「場」の描写において徹底していることは言うまでもない。

ソローとの比較

『サイレント・スプリングの行くえ』には、『われらをめぐる海』がベストセラーとなり、それを機に再出版された『潮風の下で』もベストセラーとなった一九五二～三年頃のカーソンについて次のように書かれている。

「彼女はつねに禁欲的な生活を送った。彼女はラジオやテレビに興味を感じなかった。夜、執筆が終わると、彼女は愛読書に目を移した。それはソーロウ［ソロー］の日記、リチャード＝ジェファーソンの自然に関する随筆、メルビル、トムリンソン、ベストンなどの著作で、大部分のものが彼女の寝台の近くにおかれていた」（行くえ、24）

「近年のエコロジー運動のもつ反体制的な実践的生き方にたいする霊感と導きの顕著な源泉」[*7]とな

っているヘンリー＝デイヴィッド＝ソロー（一八一七〜六二）は、『ウォールデン（森の生活）』（一八五四年）、『メインの森』（一八六四年）、『コッド岬』（一八六五年）などを書いた思想家・随筆家として知られるが、[*8]膨大な日記を残した。従来のソロー全集全二〇巻のうち、一四巻が日記である。ちなみに、カーソンが見ていた全集はホートンミフリン社版だと思うが、『海辺』と『沈黙の春』の初版もホートンミフリン社から出版された。

　ソローの思想のカーソンへの影響の有無や内実は、カーソン自身がソローを語るところの稀《まれ》なるために、確認しにくいけれども、[*9]両者ともメイン州には縁があることもあり、ソローの思索の特色をカーソンのそれと比較して、カーソンの思想の一面を考えることにしよう。

オーデュボンが描いたリョコウバトの絵

　ソロー『メインの森』は、彼が一八四六・一八五三・一八五七年の三回にわたってメイン州の森を探索した時の記録である。カーソンの別荘もメイン州にあったが、二人の間には、約一世紀の時が流れている。

　ソローによれば、「メインの北半分、それと隣接したカナダの地方、それにニューヨークの北東部やそのさらに先の地方はいうまでもなく、依然としてほとんど途切れのない松の森林におおわれている」（『メインの森』220）。それは、「かつてアメリカの最古の開拓区域をおおっていた原生林」と同じものであろう。そこは「ぶ厚い苔の衣」におおわれ、はなはだしい湿気を帯びている。

しかし、状況は急速に変化していた。一八三七年には、ソローの探索した「バンゴーの上手のペノブスコット川とその支流には、二百五十の製材工場」があった。「その土地では、大勢の人々が仕事の鬼となって、森林をなるべく早く追放することを使命にしているらしい。ビーバーの住むひっそりした沼地や、山腹のあらゆる所から」（15）。「ぎっしりと茂ったはてしない森林全体が、こうしてしだいに火によって焼き滅ぼされてゆく運命にある。かんな屑のように」（31）

これはメインの森だけのことではない。[*10]「いつの時代でもそうだが、最も文明化した都会の住民が、日常に使うための松の板をもとめて、その文明の境界を越え、ヘラジカやクマや荒野の原住民の住む遠い原生の森へ人手を送り込む」（158）。「奇妙な話だが、松の木が生えて生長し、そびえ、常緑の腕を光の方にのばしている光景、すなわち松の完全な栄光の姿を見に森へ来る人々はごく少数であり、大半の者は市場に運ばれるたくさんの幅広い板と化した松をながめ、それを松の真の栄光とみなして満足している！　しかし松は、人間が材木でないのと同様に本来は材木ではない。板にされ、家にされることは、その本当の最高の使われ方ではない」「どんな生物であれ、死んでいるよりは生きた状態の方がよい。人間でも、ヘラジカや松の木々でもそうだ。生き物について正しく理解できる者は、その生命を亡ぼすことよりもむしろ保存の方をもとめるであろう」（174～175）。ここには、生命あるものの「保存」という発想がある。

カーソンは、「人間は草木について勝手きわまる考えしかもっていない。何か直接自分の役に立つとなると、一生懸命世話をするが、気にくわないと、そしてまたときにはべつに理由もなく、すぐにいためつけたり、ひっこぬいたりする」（沈黙、79）と書いているが、ソローの視点と共通するといえよう。また、草木の美しさに目を注ぎ、鳥のさえずりに耳を傾けるところが共通していることはいうまでもない。「黒々とした山の麓のたそがれてゆく荒地の中で、反射光に満ちたまばゆい川のそばに私はすわりこみ、モリツグミのさえずる声をしばらく聴いていたが、このさえずり以上に高い文明はあり得ないのではないか、という気さえした」というのはソローの言葉（『メインの森』383）だが、その至福の感情は、カーソンのしばしば描写しているところでもある。

このような両者に共通する発想は、他にもいろいろ列挙できよう。しかし、『メインの森』のような作品をソローに書かせ、カーソンに『沈黙の春』を書かせた状況と、それに対する姿勢という点が、最も注目に値する。それは、両者とも、「ことの始まり」に出会い、それを憂慮したという点である。

ソローは、年少の頃、魚釣りと猟とで「自然とごく親しみぶかく」（『ウォールデン』268）なっていたし、「はてしない大森林」に限りない魅力を見ていた。森林に「実にかぐわしい、さわやかな香り」（『メインの森』29）を嗅《か》いでいた。やがてソローは、その森が激変し始めるありさまを見た。松の木の美しさを見ず、それを板としてのみ見ることを、「奇妙」だとみなす感覚を持っていた。カーソンは、ペンシルヴェニアの田園で、花をながめ、鳥の声に聴き入り、小動物と戯れて遊び、まだ見ぬ海を夢想する少女時代を送った。やがて、従来使われなかった合成殺虫剤が大量に使われ始め、自分が聞き入っていた鳥たちが死んでいくありさまを見た。

森の激変に心を動かされ、鳥たちの死を嘆いた人々は、他にいなかったわけではない。しかし、彼らの周辺にだけ偶然に起こったものではなかったその変化に接して、深い悲しみや怒りを抱きつつも、何が進行しているのかを観察し考察し記録したという点で、彼らは傑出していた。

ただし、「ことの始まり」の「こと」の内実が、ソローとカーソンとで異なるのは無論である。ソローはメインの森という地域的に限定された場所で、森の破壊を先駆的に問題にした。他の地域も同様となるだろうと考えていたとしても、他の地域のことを具体的に論じているわけではない。他方、カーソンは農薬汚染がすでにアメリカ全土に広がっていると見た。そのことは、『沈黙の春』で言及されている場所をアメリカの地図の上に跡付けて見れば、ただちに明らかとなる（左頁の地図参照[*11]）。否、カーソンは自分の考えていることは、「人類全体のために考えるべきであろう」（沈黙、222）と先駆的に考えていたのであった。

ソローの『ウォールデン』は、ウォールデン池のほとりの森の中における二年余の独居生活の報

『沈黙の春』で言及された場所の州別分布図

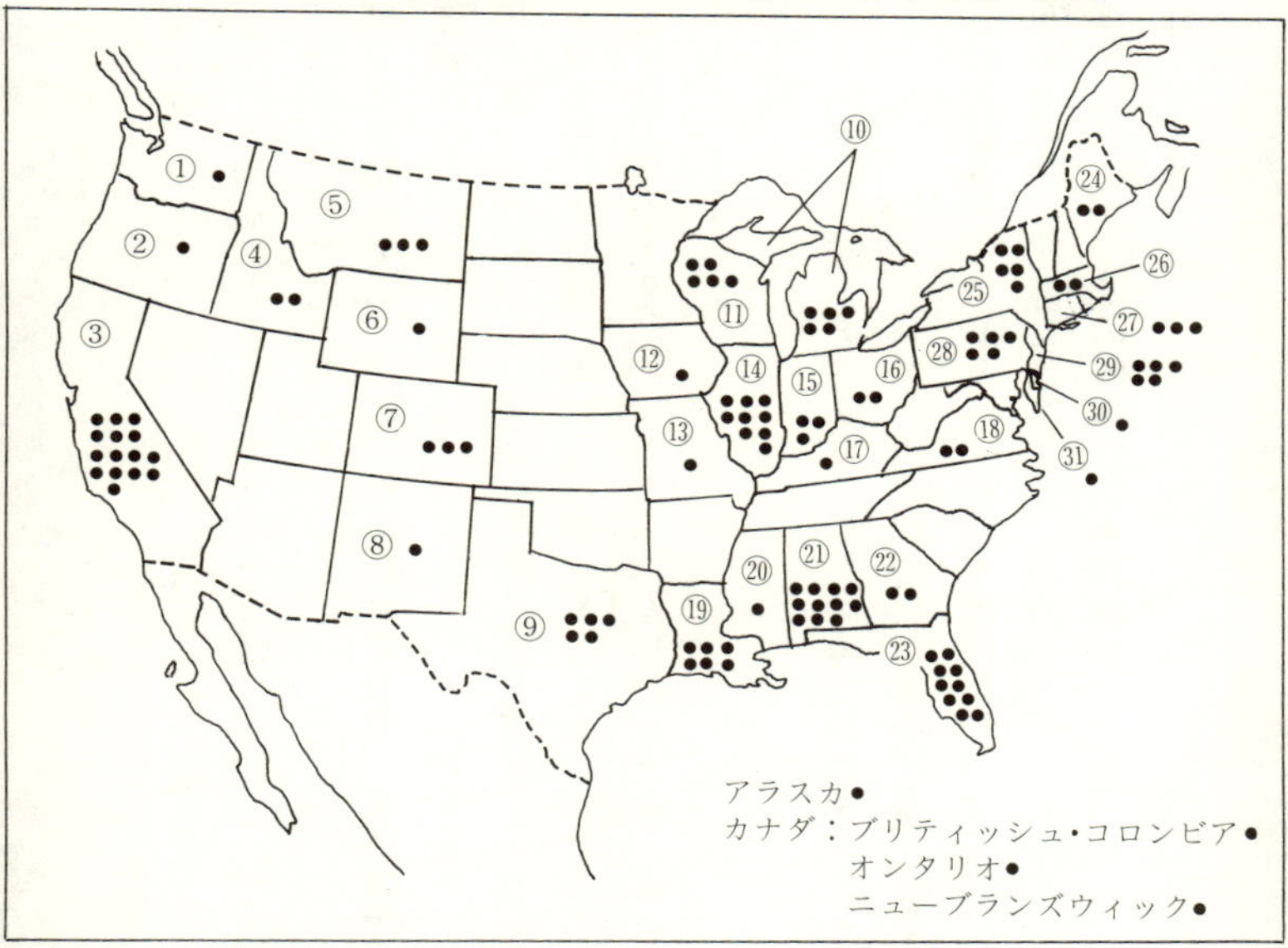

1回の言及を●で示す。
地図上の○付き数字は，以下の州名を表す。

①ワシントン　②オレゴン　③カリフォルニア　④アイダホ
⑤モンタナ　⑥ワイオミング　⑦コロラド　⑧ニューメキシコ
⑨テキサス　⑩ミシガン　⑪ウィスコンシン　⑫アイオワ
⑬ミズーリ　⑭イリノイ　⑮インディアナ　⑯オハイオ
⑰ケンタッキー　⑱バージニア　⑲ルイジアナ
⑳ミシシッピ　㉑アラバマ　㉒ジョージア　㉓フロリダ
㉔メイン　㉕ニューヨーク　㉖マサチューセッツ
㉗コネチカット　㉘ペンシルヴェニア　㉙ニュージャージー
㉚デラウェア　㉛メリーランド

（太田作成）

告である。彼は、「外面的文明のただなかにおいてさえ、原始的な辺彊《へんきょう》地的な生活をしてみることは多少とも利益のあることである」(28) と書いているが、単純をよしとする考え方が、この本に人生論的な色彩を与えている。

早くに父親を失い、母親を養わねばならず、その母親も病気がちになり、幼いロジャーを引き取って養子にしたカーソンは、フランク＝グレアム＝ジュニアが述べているように、つねに禁欲的な生活を送った。しかし、彼女はその生活を楽しんでもいた。ロジャーを連れて、木々の合間を歩き、海を見に行くことは、大いなる楽しみでもあった。カーソンの著作には禁欲的で単純なる人生をよしとするような人生論的なところはないけれども、彼女の生き方自身はまさしくそのようなものであった。

ミュアとの比較

アメリカの自然保護運動の先駆者として知られるジョン・ミュア（一八三八～一九一四）が一八九二年に設立したシエラ・クラブは、今では巨大な全米規模の環境団体となった。シエラという名前は、ヨセミテ国立公園がその一角にあるカリフォルニア州シエラネヴァダ山脈に由来する。一八六八年に初めてヨセミテを訪れたミュアは、翌六九年夏もこの地を探検した。その際の日記を再構成して成ったのが、彼の『はじめてのシエラの夏』（一九一一年）である。*12

スコットランド生まれのジョン＝ミュアは、少年時代にオーデュボンの書いたものに心引かれたり母親の影響もあったりで、自然への愛着が強かったという。後に父親・家族とともにアメリカに移民してきたミュアは、ソローの著作やエマソンの論文「自然」にも親しんだが、ここに自然保護思想の一水脈を辿《たど》ることができよう。そしてカーソンも、ミュアの自然に関するエッセイを愛読していた。[*13] ミュアの最初の訪問から約一世紀後、一九六三年にカリフォルニアに旅行したカーソンは、著しく体力が衰えていたけれども、マリー＝ローデルに付き添われ、車椅子に乗って「ミュアの森(Muir Woods)」を訪れたのだった。

『はじめてのシエラの夏』のミュアの基本的な視角は、この地の自然景観の賛美である。

ハイ・シエラでの初めての日、ヨセミテを見おろした初めての眺め、ヨセミテ・クリークの滅びゆく歌、そしてその滝がものすごい岩壁を飛びこえていく姿。これらひとつひとつの風景は一生涯、心に残るものとなった。思い出深い日々のなかでも最高の一日。そのまま死んでもいいような楽しさだった(107〜108)。

という調子の礼賛が、繰り返し登場する。その風景描写は、シエラの巨大針葉樹、すばらしい庭園のような草原、はてしなく豊かで崇高な山々の美しい姿、野生の貴重な植物、ごつごつした岩がたくさんあるコケむしたエメラルドの沼地、湖の岸の輝く花崗岩《かこうがん》の広がり、星明かり、月明かりなどと続く。「夜明けは荘厳な色彩の合唱」もあり、「すべては完璧に清らかで、純粋で神の教えに満ちていた」(139)という。

この美に関してミュアが憂慮することが二つあった。第一は、「ヨセミテへの訪問者が、まるで目隠しされ耳に栓をされたかのように、この初めて目にする壮麗さにほとんど感動しない」(168)という点であった。第二は、人間による自然破壊である。「実は人間だけが大草原を破壊する」のである。また、人間の手で羊が「金儲けのためにどんどん繁殖するようなことになれば、森だってそのうちに滅ぼされてしまう」(83以下)という危機感である。

ここから、「美しくかつ雄大なこの自然の大庭園」、「やさしく神々しい原生自然」を保護すべきだという主張が出てくるのは当然だろう。『はじめてのシエラの夏』をつらぬくものは、基本的には、自然景観を賛美し、その保護を考えるという発想である。ミュアの努力は国立公園の設立に向かい、森林伐採を続けようとする木材業者などとの摩擦を乗り越え、セオドア＝ローズヴェルト大統領などにも訴えつつ、ヨセミテ国立公園やレーニア山国立公園の誕生という形で結実した。[*14] 現在も続く森林破壊に対する抵抗の、早い時代における現れであった。[*15]

カーソンも自然の美を、その諸著作で描写している。

岩棚に腹這いになって低い入口から洞窟の中に目を凝らし、潮溜りに下りていくと、洞窟は真っ暗ではない。実際、晴れた日には冷たい緑色の光が差しこんでいる。この柔らかい光の源は、潮溜りの水底に近いすき間を通して入る太陽の光だ。しかも潮溜りへ侵入した光は、その瞬間に姿を変えて最も純粋で薄い緑色のあざやかな色合いをおびてくる。その色は洞窟の底を覆うカイメン類の色なのだ（海辺、154）。

という描写は、特定の場所の景観を賛美するというものではない。彼女はまた、ハマベトビムシについて書いている。「この小さな昆虫は水にさらわれないかぎり、岩の表面を走り、あちこちの潮溜りを苦もなく行き来する。しかしわずかでも波がくると助かるすべもなく流されてしまう」。けれども、「かれらは海の有機的な秩序に一役かっている掃除人の一種で、有機物の循環を担っているのだ」（同、149）。このように、カーソンは、「海の有機的な秩序」を、そこに住むあらゆる生物がどのようにしてこれを形成しているかを、つぶさに観察する。その秩序は、そこが砂浜かサンゴ礁か岩場かなどによって大きく異なる。彼女の姿勢は、どのような「有機的な秩序」であれ意義のないものはなく、この秩序を人間が破壊することには強く反対するということだろう。カーソンの危機感は、ミュアの場合に比して、はるかに広い範囲にかかわるものであるという点で先駆的であった。

近代的自然観への批判と『沈黙の春』の意義

(1) 近代的自然観とその批判

「自然の征服」という観念　『沈黙の春』は、近代以降のヨーロッパに支配的な自然観への批判をも含んでいた。その批判を示す『沈黙の春』第七章の冒頭の言葉は先にも引用したが、第一五章の冒頭には、「自分たちの満足のゆくように勝手気ままに自然を変えようと、いろいろあぶない橋を渡りながら、しかも身の破滅をまねくとすれば、これほど皮肉なことはない」(283)とある。また、第一七章の末尾には、「《自然の征服》――これは、人間が得意になって考え出した勝手な文句にすぎない」(346)とある。

これらの文章には、哲学史的には一般にF＝ベーコン(一五六一～一六二六)の提唱に由来するとされる「自然の征服」という世界観への批判がある。

このベーコンについて、二〇世紀前半の代表的哲学者であるT＝アドルノとM＝ホルクハイマーは、その共著『啓蒙の弁証法』第一章の冒頭に、次のような一節を含むベーコンの言葉を引用している。

今日われわれは、自然を支配しているつもりでいるだけで、じつは自然の強制力に隷従している。とはいえわれわれは、発明にあたって自然の導きに従っていけば、それによって実践の上では、自然に命令することになろう。

この一節は、ベーコンの立場を端的に示す。そして、アドルノとホルクハイマーは、このベーコンの言葉に関連して、「古来、進歩的思想という、もっとも広い意味での啓蒙が追求してきた目標は、人間から恐怖を除き、人間を支配者の位置につけるということであった。しかるに、あます所なく啓蒙された地表は、今、勝ち誇った凶徴に輝いている」[*16]と書き、ベーコン的自然観の「勝利」を確認しつつ、それを「凶徴」あふれるものとして批判する。[*17]このような批判は、カーソンの発想と著しく接近しているように見える。

「自然の征服」というベーコンの発想は、デカルト（一五九六〜一六五〇）にも共有されていた。中世のスコラ哲学のような「理論的哲学」でなく、デカルトの立場である「実際的哲学」に従えば、

火や水や風や星や天空やその他われわれをとりまくすべての物体のもつ力とそのはたらきとを、あたかもわれわれが職人たちのさまざまなわざを知るように判明に知って、それらのものを、職人のわざを用いる場合と同様それぞれの適当な用途にあてることができ、かくてわれわれ自

身を、いわば自然の主人かつ所有者たらしめることができる。

のであり、これは、「あらゆる人間の一般的幸福」につながるというのである[*18]。この「自然の主人かつ所有者」という表現は、ベーコンのものだとしても不思議ではない。

デカルトやベーコンに見られるような、主観・客観の分離を前提にした、実験的方法による客体（物体）の客観的認識という発想は、西欧の近代哲学の基本性格ともいえる。そのことは、カントが『純粋理性批判』の扉に、ベーコンの『ノヴム・オルガヌム』の一節を掲げていることに象徴的に示されている。

カントの『判断力批判』　「自然の征服」という近代的な自然観がデカルトやベーコンに始まるという命題は、一面の正しさを持っている。しかし、この自然観が必ずしも単線的に進展してきたわけではないことも同時に指摘しておかなければならない。たとえばカントの場合は、数学や物理学の対象となる〈自然〉と有機的（生物的）〈自然〉とを区別し、後者に独自の位置が与えられていた。カントは、『判断力批判』（一七九〇年）で次のように書いた時、有機体には近代的な自然観つまりニュートン的論理は通用しないことを明確に表明していたのである。

われわれは遠慮なくこう言ってよい、——他日ニュートンのような人が再び現われて、一茎の草の産出を自然法則、即ち意図による秩序にかかわりのない法則に従って説明するだろうなどと予測しあるいは希望することさえ、人間にとっては筋道のたたない話である、われわれはこういう見通しを人間には絶対に否定せざるをえない、と。*19

加えてカントは、有機体の世界を「人間中心的」視点で捉えてもいなかった。彼は、『判断力批判』第八二節で、次のような趣旨のことを述べる――

植物は何のために存在するか、草食動物のためにである。では、草食動物は何のために存在するか、肉食動物のためにである。しからば、植物や草食動物や肉食動物は何のために存在するか、人間のためにである、と。

しかし、逆も言えるのではないか。つまり、草食動物の存在は、植物の過剰な成長を抑止するためである。肉食動物の存在は、草食動物の貪食に限界を付するためである。人間の存在は、自然の産出力と破壊力にある種の均衡を与えるためである、と。もしそうだとすれば、人間は、ある関係においてはなるほど目的ではあるが、別の関係においては手段に過ぎない、と。つまり、「人間は自然の最終の目的ではあり得ない」ということになる。

こうしたカントの論は、「自然の征服」的発想に汚染されてはいないのであって、つまりは、「自然の征服」的な自然観が西欧においても単線的に展開されたわけではないのである。

ベーコン的思想の現実化　では、ベーコン＝デカルト的な自然観、「自然の征服」という発想はどうなったのか。

日本語訳に「生態学的危機の歴史的根源」という副題をもつリン＝ホワイトの『機械と神』によれば、「科学的知識とは自然にたいする技術的な力を意味するというベーコン的信条が、広い実践の場に現われたのは、ほとんど一八五〇年ころのこと」でしかなく、「いまから一世紀ちょっと以前に、それまでまったく離れていた活動であった科学と技術が一緒になり、多くの生態学上の結果から判断して、抑制のきかなくなる力を人類に与えたのであった」と述べられている。つまり、ベーコン自身の思想が現実化したのは一九世紀の半ばだというのである。[*20]

また、デカルト的方法に関して、今世紀のフランスの最も優れた歴史家の一人であるF＝アリエスは、その『〈子供〉の誕生』で、一八・一九世紀に至って「規律化された生活という近代的概念」が誕生・台頭するが、この精神は「技術者ないしテクノクラート的ともいいうる感覚」だという。そして、アリエスはこの精神・感覚を「デカルト的精神」に関連付けて説明しているが、これはホワイトの説明と重なるものであろう。[*21]

このように、「自然の征服」という近代的な自然観は、デカルトやベーコンにおいて表明されてはいたが、社会の現実の動きに転化していたわけではない。そうなるためには、さしあたりは産業革命の展開を、本格的には、おそらく一九世紀末以降の帝国主義時代を待つ必要があっただろう。

「できることなら私は星々を併合しようものを」と言った帝国主義の指導者セシル＝ローズは、「膨張こそすべてだ」とも言った。その「膨張」の過程が「自然の征服」の推進力となったのである。

「自然の征服」観念への批判

「自然の征服」の現実化に対する批判は、カーソンに始まるわけではない。それは、哲学史的に見れば、ヘーゲル（一七七〇～一八三一）の死後に始まるさまざまな立場からのヘーゲル哲学批判の中に発し、二〇世紀に入って顕在化する。たとえば、E＝フッサールが、『ヨーロッパ諸学の危機と超越論的現象学』において、現代の危機の根源をデカルトの哲学にさかのぼって検討しようとした時に、類似の批判は現れていたし、M＝ハイデガー（一八八九～一九七六）の哲学に同様の批判を読むことができよう。

スタイナーの『ハイデガー』が要約するハイデガーの見解によれば、「現代の技術的・大量消費的人間の疎外された、宿なしの、野蛮回帰の状態[*22]」をひき起こしたのは、プラトン、アリストテレス以来の形而上学的・科学的伝統だが、この伝統の重要な位置にデカルトやベーコンがいる。デカルトがその哲学の中心に据えた自我（エゴ）は、「知りかつ利用する者」であり、「略奪者」である。こうしてハイデガーは、「自然の過程や変化は自然の自由な状態の中では、技術の試練や無理を強いたときほど十分には、あらわれない[*23]」という発想に見られる「アリストテレス的・ベーコン的・実証主義的な調査研究の攻撃的・詮索的論議」を批判する。要するにハイデガーは、デカルトやベーコンの哲学を「知識に対する実用主義的・技術主義的帝国主義」に通じるものだったとして批判するのである。

こうしてスタイナーは、ハイデガーに関して、「荒廃した生態系の中での人間の疎外と隷従状態の診断は予言的であった」と書いている。

カーソンの場合

これらの哲学者たちとカーソンの違いはどこにあるか。第一に、カーソンがあくまで自然に即して論を展開している点である。このことはとりわけ『啓蒙の弁証法』との著しい差異だ。アドルノとホルクハイマーは、その「序」で、「何故に人類は、真に人間的な状態に踏み入っていく代りに、一種の新しい野蛮状態へ落ち込んでいくのか」と書き、これはカーソンと共通する視点のようではあるが、自然自体についてはほとんど論じていない。それもある意味では当然だった。『啓蒙の弁証法』は、社会哲学の書だったからである。

第二に、カーソンの批判の特色は、それが「自然」にかかわる経験的な素材の中を多方面に自由自在に運動することによって導き出されたものだという点にある。その自由自在な運動は、一面では、たとえばさまざまの動物に関して、多くの観察・研究・記録に当たって確認し、そのような個別事例を各方面に関して積み重ねようとするところに現れている。それは、幼い時代から培われた自然に対する興味、大学時代以来の方法的で数限りない自然観察の積み重ねに背後から支えられたものだった。また他面では、癌《がん》に関連する歴史、医学衛生方面における殺虫剤利用の歴史などを巧みに記述するところにも現れている。哲学者の論には、ある意味では当然のことだが、こうした具体的・経験的な記述に基づく面が乏しくなりがちである。*24

第三に、フッサールやハイデガーの自然観と比較した場合に目立つのは、カーソンが「近代」なり「現代」なりをひとまとめにして、印象批評的な批判をするのでなく、「区切り」を置いて把握している点である。時間を「区切る」ことは、現代を相対化する視点を産み出す条件になる。*25 相対化され、区切られた「現代」は、カーソンにどのように見えたか。

その区切りは、一方では二〇世紀であり、彼女は二〇世紀の独特の位置を強調している。「二十世紀というわずかのあいだに、人間という一族が、おそるべき力を手に入れて、自然を変えようとしている」（沈黙、14）。二〇世紀が画期的であるのは、発癌物質の数を見てもわかる。「十九世紀の終りまでに見つかった、工業的発癌物質は六つばかり。だが、二十世紀になると、無数の化学的発癌物があらわれ、人間は、いやがおうでも毒にとりかこまれて生活しなければならなくなった」（257）からである。

しかし他方、第二次世界大戦は、さらなる画期となる。彼女は合成薬品工業を「第二次世界大戦のおとし子」と見なしている。「合成化学薬品の大量生産は、一九四〇年代にはじまる」（54）が、「第二次世界大戦後、新しい合成殺虫剤が出まわり、飛行機は生産過剰」（185）となる。「あとをたつことなくつくり出されてくる化学薬品の流れ」が形成され、「化学薬品洪水の現代の世界」（137）となる、とカーソンは言う。

科学・技術と現代

こうしたカーソンの記述を並べて読めば、彼女は二〇世紀の、あるいは第二次世界大戦後の「大転換」の基礎に、科学と技術の結合があると見ていたと解釈することが可能だろう。その結合は、いわば推進のモーターをほとんど無限に回転させざるを得ない。『沈黙の春』の言葉を引けば、「化学薬品は、無限に先へ進まざるをえないもので、金をかけて何度もまかないかぎり、永続きしないもの」だから、「回転をよくするために、なるべく長もちしないものをつくる。現代の傾向にかぶれているものには、ぴったりだろう」（121）ということになる。ここに「現代の傾向」といわれているものを、経済成長至上主義だと、あるいは「拡大再生産」の論理だと表現することもできよう。このような「現代」であればこそ、化学薬品の「洪水」はとどまるところを知らない。

カーソンの指摘した問題点は、現在から見ると陳腐と思えるかもしれない。しかし、比較的早い時期に、科学と技術の結合という問題を把握していたことは、やはり注目に値する。これをDDTに即して考えてみれば、その合成は一八七四年、その殺虫効果の発見は一九三九年であり、たちまち工業化の波に乗る。第二次世界大戦以前には、技術化・工業化までに随分と時間がかかっているが、そのことは、たちどころに技術化・工業化がなされることが現代の特徴であるという点を逆に示しているし、カーソンもそのことに触れていたのだった。

『沈黙の春』（ペンギン版）へのジュリアン＝ハックスリーの序文によれば、「害虫」駆除に際しての化学的大量抑制（mass chemical control）は、病的に拡大した現代の技術的・量的方法の症候だという。ハックスリーのこの説明を援用すれば、この技術的・量的な対応こそが、「自然の支配」をめざす人間中心的自然観の核心を形成する。この意味における人間中心主義をカーソンが厳しく批判したことは明らかだろう。

（2）エコロジーと文明論

『沈黙の春』25周年の絵はがき

「自然の征服」観念の批判の根拠　以上において、「自然の征服」という表現に典型的に示されている近代の人間中心的世界観を、カーソンが厳しく批判したことを見た。では、そのような批判をするに至った根拠はどこにあったか。

第一に、その根拠は綿密な自然観察に裏付けられたエコロジーにあった。近代の「自然の征服」という観念の前提には、「主観（主体）」と「客観」とを切り離す考え方があり、また、「人間」と「自然」とを対置させる考え方があった。さらにそこには、人間には「自然」に対する「特権」があるという発想が伏在していた。しかし、エコロジー的観点に立てば、「人間」はまさに「自然」の一部となり、とりたてて「特権」を持つ理由はないことになる。したがって、エコロジーの立場をとれば、ベーコン＝デカルト的発想に、多かれ少なかれ批判的になるのは当然であるし、また、環境問題に取り組もうという人のうちの一定部分がエコロジー的立場をとるに至ったのも当然である。

カーソンがその最初の著作『潮風の下で』においても、『われらをめぐる海』『海辺』においても、エコロジー的観点を保持していたことについては、それぞれの著作に関して記述した部分で論じてきたが、『沈黙の春』の場合、このエコロジー的観点がことに優勢になっている。

カーソンは、エコロジーの観点を背景に、人間も自然の織りなす網の目の一部を形成するものであり、自然を超越して自然を支配するような存在ではないと見た。そして、「自然の支配」なるものは、現実にはこの網の目を切り裂くような作用をしていると見ていたように思われる。「害虫」退治のために合成化学薬品を乱用することなどは、まさしくこの網の目の破壊であるから、是非とも阻止しなければならない。その阻止に際しての「代案」の一つが天敵であった。それは人間のためともいえようが、動物や植物のためとも、自然の織りなす網の目の保全のためともいえよう。なぜなら、世界は「人間だけの世界ではない。動物も植物もいっしょにすんでいるのだ」（沈黙、まえがき）からである。カーソンは、エコロジーの立場をとることで自然を超越して自然を支配するような人間という意味における人間中心主義に対する徹底的な批判者となったのであった。

第二には、文明論的観点が「自然の征服」観念の批判の根拠となっているが、この点は後に触れる。

エコロジーの視点

エコロジー(Ökologie)という語は、E＝ヘッケル(一八三四〜一九一九)の『一般形態学』（一八六六年）に由来するとされる。彼の『生命の不可思議』（一九〇五年）によれば、生態学《エコロジー》とは「有機体の経済、其の生活上の要求、及びそ［れ］が［自］己と共同に生活する他の生物との関係等を研究するものである」[26]

カーソンの環境問題へのアプローチは、「生態学的」として特色付けられることが多い。たとえば、キャロリン＝マーチャントの『ラディカル・エコロジー』[27]では、「環境倫理学の基礎」を分類し、カーソンの立場をアルド＝レオポルドや「ディープ・エコロジスト」と並べて「環境科学的《エコ－サイエンティフィック》」に所属させている。

カーソンは、「自然界では、一つだけ離れて存在するものなどないのだ」（沈黙、67）と書き、「生命のおりなす複雑な織物」こそが「生態学の領域」だとする（223）。

『沈黙の春』の先駆性

一九七〇年頃に、日本で「生態学講座」という五〇冊のシリーズ（共立出版）が出されたことがあった。その一冊の『環境汚染と生物I』（一九七二年）の「序言」には、「はずかしい話だが、生態学者のつもりでいた筆者らも、生態系内の複雑な相互関係とその全体像を実感として確認し得たのは、一九六二年に出版されたレイチェル＝カーソンの『サイレント・スプリング』によってであった」と書かれている。『沈黙の春』の先駆性を物語る一コマである。[*28]

エコロジー、あるいは環境科学といってもよいが、その観点に関して、『沈黙の春』の意義はどこにあるか。それは、農薬汚染の問題、合成農薬が引き起こす波紋に関して、筋が通り、理にかなった広範囲の説明を、先駆的に与えたことにある。環境保全のために、少なくない国々が一定の枠内ででではあれ、法的な規制を加えるようになったが、カーソンはその動向にきっかけを与えた先駆者だと言えよう。しかし、それだけではない。『沈黙の春』が提起した論理は、これを今や平凡と見える呼び方ながら「エコロジー的方法」というとすれば、これ自体が大きな意義を持っている。

例を挙げよう。酸性雨の原因としては、工場や自動車からの排気ガスとか、暖房用の石炭の燃焼などに伴う大気汚染などが考えられるが、畜牛や肥料の使いすぎに起因するアンモニアや窒素酸化物の環境への排出も酸性雨を引き起こすし、オランダでは、農業が酸性雨の最大の原因だと考えられているという。[*29]

カーソンは、酸性雨についてては何も述べてはいない。しかし、酸性雨という現象の発生・被害・影響などについての解明は、幅広く詳細にデータを集積・分析しなければならないのは当然としても、結果的には、ここにいう「エコロジー的方法」をいわば「応用」した形でなされるであろう。その意味で、この方法、『沈黙の春』の提起した論理は、トマス＝クーンのいう「パラダイム」、つまり、「一般に認められた科学的業績で、一時期の間、専門家に対して問い方や答え方のモデルを与えるもの」を、形成しているということができる。[*30] すなわち、カーソンの方法は、人間の営みが自然環境を大規模に変貌《へんぼう》させ、それによって広範な規模で人間の生活自体が急速に、あるいは徐々に、危機にさらされるという構図の「範型《パラダイム》」を、詳細な観察に基づいて明らかにするものであった。ここにカーソンの業績の画期性がある。

これを別言すれば、何らかの意味で環境にかかわる問題に直面した場合、カーソンならどう調査・研究しただろうか、どう記述しただろうか——そのようなことを考える手がかりを、『沈黙の春』は与えてくれる、ということになる。それは環境汚染の進展を意味することであるから、カーソンの悲しむところではあるにしてもである。

汚染の問題の拡大

この「パラダイム」に関連してくるであろう諸現象は、『沈黙の春』以降、拡大の一途をたどっている。合成農薬以外の化学物質による環境汚染も問題化した。日本で、ＤＤＴやＢＨＣに次いで大きく問題化し、使用禁止となったのがＰＣＢ（ポリクロロビフェニール）であり、一九六八年に発生したカネミ油症事件がそのきっかけとなった。フロンガス問題も同様の文脈で考えることができる。[*31]

使用禁止となった合成農薬などの処理問題も、『沈黙の春』以後に浮上してきた問題だ。たとえば、ＰＣＢの混入した製品やＰＣＢ自体は日本国内には大量に保管されていて、最近では「行方不明」となるＰＣＢが増加していると言われる。[*32] 人工的に合成された物質の処理問題の困難性は、プルトニウムなどについては周知のところであるが、ある種の合成化学物質についても、その処理問題は重要である。

また、激しい毒性を持つ物質としてダイオキシンの問題もある。ダイオキシンは、ベトナム戦争で米軍が使用した、オレンジ剤という名称を持つ除草剤に、その製造過程で混入し、一九七〇年にはベトナムの戦場においてもその散布が禁止されたものである。このダイオキシンは、いくつかの除草剤の製造過程の副産物として大量に出てくるものであり、発癌性、催奇形性を持っている。このダイオキシンの廃棄の問題は、Ｍ＝ブラウン『荒れる大地』によって詳細に取り上げられたが、[*33] ダイオキシンによる汚染は、今日では一段と拡大し、問題化している。

放射性廃棄物の海洋投棄にも、使用禁止となった合成農薬などの不法投棄と同様の論理が作用していることは明白だし、その海洋投棄がすでに現実化している。[*34]

このように、環境汚染の問題は拡大し深化し、とどまるところを知らないかのごとくである。[*35] 一九九二年の「環境と開発に関する国連会議」（＝地球サミット）のために書かれたS＝ランファル『地球エシックス』が、『沈黙の春』は出版当時と「変わらない説得力をもち、その状況はさらに広がっているといえる」と書いた[*36]のは当然といえる。しかし、環境汚染の状況の広がりの問題に立ち入ることはここでは断念し、ただ、カーソンが提起した「エコロジー的方法」に関連した問題の、驚くべき展開があることを指摘しておくにとどめよう。

エコロジーの困難性

とはいえ、エコロジーという学問は、次のような点で、ある種の困難性あるいは制約を持っている。

カーソンの著作では、数式や化学式などが使われる場面は極めて限られている。その『海辺』に典型的に現れているように、彼女の本は、徹底した観察によりつつ、日常言語に近い言語で記述されていく。そのスタイルは、古代ギリシア以来の伝統的なものであって、たとえば、物体の運動などに関するアリストテレス『フュシカ（自然学）』を例にとると、フュシカはフィジックス（物理学）の語源をなす語ではあるが、『フュシカ』自身は日常言語に近い言語で記述されている。このように見ると、カーソンの著作も「自然学」の趣を持っている。「自然誌」といってもよいが、これは現代の自然科学では表舞台から退いてしまった部分である。もっとも、カーソンの著作は、内容的に言うとアリストテレスの著作では『フュシカ』よりも『動物誌』に近いが、ここで言いたいのは、内容ではなく方法（観察）であり、それを記述する言語である。

他方、殺虫剤製造の前提となる「化学」は、時代遅れのように見える「自然学」の趣など持たず、「現代の花形」たる自然科学そのものである。

カーソンが取り組んだ環境問題・生態学などは、そのデータ処理などでいかにコンピュータを駆使するとしても、また、最近では平和・人権・環境などにかかわる世界的なコンピュータ・ネットワークであるＡＰＣ（アソシエーション・フォー・プログレッシヴ・コミュニケーション）などが重要な役割を果している[*37]ことは事実としても、基本的に「自然学」的性格から脱却できないところを持つ。現代の社会では、年々大学を卒業する「自然科学」修得者の膨大な数の前に、「自然学」はかすんでしまう傾向を否定できないのである。

文明論的視点

カーソンの「生態学」的立場の先駆性について一瞥《いちべつ》したが、『沈黙の春』は、その最後の数章の梗概《こうがい》を記した箇所で繰り返し述べたように、科学史的な記述を多層的に展開している。もしもカーソンの立場を単に「生態学」的だとのみ把握するならば、なぜ科学史的記述がかくも多彩に登場するのかを説明することはできないだろう。

こうした科学史的記述が、現代を「無関心」の支配的な時代としたり、経済成長至上主義を「現代の傾向」としたりする視点と結びついている点に着目するなら、『沈黙の春』には、生態学的立場とともに文明史的・文明論的な視点が濃厚に存在しているという点を強調しなければならない。

この文明論的な視点の持つ意義はどこにあるか。

ベーコン＝デカルト的な「自然の支配」観念の前提には、「主観─客観」の分離・対立図式が存在するということ、エコロジー的視点はこの図式を否定する意味合いを含むがゆえに、エコロジーの立場をとることが「自然の支配」観念への批判につながったという点を前項で見てきた。

だが、「主観─客観」の分離・対立図式に対する批判を可能にする別の観点があった。それは、ベーコン＝デカルト的な「主観─客観」図式には、「歴史」の視点が基本的に欠落しているという点にかかわる。言い換えれば、「歴史」的視点あるいは文明史的観点を前面に出すことが「主観─客観」図式を相対化することにつながると言ってもよい。カーソンの場合、『われらをめぐる海』にすでに明瞭に現れていた歴史的視点は、『沈黙の春』の文明史的視点に引き継がれ、「自然の支配」観念の批判を強化することになったといえよう。

カーソンのこの文明史的な叙述には、絶望的な調子が鳴り響いているところも少なくない。たとえば、前にも引用した、「自然を征服するのだ」と始まる『沈黙の春』第七章の冒頭（本書、一〇二頁）を、お手数ながらもう一度見ていただきたい。どうであろうか。殺虫剤の普及も大地の破壊なども、産業革命以来の「大破壊・大虐殺」の一環だということになる。

文明史的視点と絶望的な調子とは、必ずしも不可分な関係ではないが、この両者が結びついている例は少なくなく、カーソンにもそうした一面――後に見るようにあくまで一面――があるので、そのような文明論的視点を有するものを、カーソンの思想を明確にするために、見ておこう。

レヴィ＝ストロース『悲しき熱帯』　文明史にもさまざまな側面があるが、人間と大地との関係という側面を見よう。

この側面は、大地の破壊という形で、すでに一九三〇年代に忘れ難い筆致で描かれていた。スタインベックの『怒りのぶどう』（一九三九年）を読んだ者は、その冒頭に、「朝になると、土埃りは霧のようにかかり、太陽は爛熟《らんじゅく》したなま血のように赤かった。終日、土埃りはふるいにかけられたように空から舞いおり、翌日もまた舞いおりつづけた[*38]」と描かれた土埃《つちぼこ》りのことを記憶しているだろう。この土埃りは、一九三三年から約四年にわたってアメリカ合州国の中部・南部で吹き荒れた砂嵐のもたらしたものだが、この地方では一九二〇年代に農業の機械化が急速に進み、大地が深く鋤《す》きおこされていて、その表土が風で吹き飛ばされたわけである。

砂嵐の情景を描写したスタインベックがこの砂嵐を文明史的にどう位置付けていたかはさておき、レヴィ＝ストロースの『悲しき熱帯』（一九五五年）は、砂嵐について述べたわけではないにせよ、そして、南米を中心にしながらではあるが、問題の所在を見事に指摘している[*39]。一九三〇年代後半にブラジル奥地への調査旅行を行ったレヴィ＝ストロースは、その記録・回想を軸に『悲しき熱帯』を書いた。その中で、サンパウロから遠くないパラナ川辺りの森林について、「一九三〇年頃まで、この大森林は、ほとんど人間に汚されていないと言ってよかった」（上巻、184）と書いている。しかし、その大森林に激変が起こっていて、彼はその状況を文明史的に描く。一例を引用すれば、

> 人間はまず、耕すために茂みを切り払った。しかし数年後には、養分を吸い尽くされた上に雨で洗い流された土地は、もうコーヒーの木を受け付けなくなってしまった。その結果、農園はさらに遠くに、土地がまだ人間によって汚されていない肥沃《ひよく》な地方に移された。人間と土地のあいだに、旧世界では一千年の親密な結び付きをつくり上げ、その中で人間と土地とが互いに陶《とう》冶《や》されたあの注意深い互恵関係は、ここ［南米］では決して築かれることがなかった。ここでは、土地は凌辱《りょうじょく》され、それから破壊された。［中略］農業の炎は、百年のあいだにサン・パウロ州を突っ切ったのである（143〜144）。

という具合だ。南北アメリカ大陸はここ数百年の間に「われわれの地球の生皮」を剝《は》ぐように生皮を剝ぎとられたというのだが、『悲しき熱帯』にはこうした記述が散在している。[*40]

レヴィ＝ストロースのこのような視点は、『悲しき熱帯』だけに見られるものではない。その後約三〇年を隔てた対談の中で、より「哲学的」な形の表明が見られる。

> 自分の力の限界を認識しなくなったときから、人間は自分自身を破壊するようになるのです。強制収容所をご覧なさい。まだ別の平面では環境汚染があります。これは強制収容所ほど目にはつきませんが、しかし人類全体に悲劇的結末をもたらすものです。[41]［傍点は引用者］

というのだが、こうした発言を抜き出せば、それはカーソンの発想の一面に見られる絶望的な調子とほとんど重なる。同じ対談でレヴィ＝ストロースは、「デカルトに淵源する哲学に忠実な人間の不寛容」を、「すべては主体から始まる、主体しか存在しない」立場だとして批判している（293頁）が、これも「自然の征服」というイデオロギーへのカーソンの批判と重なる。

　レヴィ＝ストロースの思想にこれ以上立ち入る紙幅はないが、現代の代表的な思想家の一人である彼の思想が、カーソンのそれと通底する側面を持つのは興味深い。[42]

「絶望的な調子」といえば、『責任の倫理』で知られるハンス＝ヨーナスが、一九九二年のリオデジャネイロにおける「地球サミット」を前に、『シュピーゲル』誌のインタヴューに応えた際の見解も、頗《すこぶ》る悲観的だ。「自然の乱開発は、人間の生活習慣、とりわけ西洋産業社会の生活習慣になってしまっている」し、人間は「欲望を常に肥大させ、力ずくでその欲望を無制限に充足していくような酩酊《めいてい》状態」に陥っている、という。[43]ヨーナスは酩酊状態というが、それは彼の意図にそぐわないかもしれない。なぜなら、飲酒による酩酊状態なら一定の時間が経てば醒《さ》めるが、ヨーナスの言う酩酊状態から醒めることは難しそうだからである。[44]

逃げ場のない現代

カーソンの文明論的把握の別の側面として注目すべき点に、「私たち人間は、抜きさしならぬ羽目におちこんでいる」(沈黙、284)という現代把握がある。

この「抜きさしならぬ羽目」に関連して、現代の小説家にして思想家であるミラン＝クンデラは、

世界の空間には逃げられる可能性がつねにありました。兵士は軍を脱走し隣の国で別の生活をはじめることができました。ところが今世紀になって突然、世界は私たちの周囲で閉ざされました。この世界の罠化という決定的事件は、おそらく一九一四年の(史上はじめて)世界大戦と呼ばれた戦争でした。誤った〈世界の〉ですね。この戦争はヨーロッパだけしかまきこまず、またヨーロッパすべてをまだまきこんではいませんでした。しかし〈世界の〉という形容詞は今、恐怖感をなおいっそう雄弁に語っています。今後、地球に起きる事柄はもはや局地的事件にはとどまらず、あらゆる破局が全世界にかかわりをもち、その結果、だれひとり逃げられず、いよいよみんなを同じ顔つきにしてしまう状況によって私たちが外部から決定される度合がますます強まっていく事実。[*45]

と指摘しているのだが、「世界の罠化という決定的事件」を、「だれひとり逃げられ」ない状況を、カーソンも語っていたのであって、このクンデラの言葉は、カーソンの文明論的な視点の最も優れた注釈にもなっていると考えることができる。

「抜きさしならぬ羽目」におちこんでいるにもかかわらず、現代は「無関心」の支配的な時代だ。「自分をはぐくんでくれた母親を忘れ、自分たちが生きてゆくのに何が大切であるかを忘れてしまったこの時代——、水も、そのほかの生命の源泉と同じように、私たちの無関心の犠牲になってしまった」（沈黙、53）というのである。

現代の危機への対応――カーソンの論の延長線上に

（1）現代の危機

「地球的観点」

以上に見た文明史的観点の背景には、第二次世界大戦後の、日本を含めた欧米諸国の未曾有の経済成長がある。一九七〇年代になると、文明史的・文明論的批評とは別に、社会科学的立場から、より多角的に地球環境を問題にする諸著作が現れた。こうした諸著作として、ここでは『成長の限界』と『スモール・イズ・ビューティフル』をとりあげ、カーソンの立場との関連で考えてみよう。

一九七二年にローマ・クラブの「人類の危機」レポートである『成長の限界』が発表された後の一九七三年一〇月、OAPECの「石油戦略」の発動によって、世界を石油危機が襲った。資源の有限性について述べる部分を含む『成長の限界』は世界的にも広く読まれたが、当時この書物は資源問題の観点からとらえられがちだった。もし現在のままの経済成長が続き、人口の増加が続くと、石油などを含む天然資源の量は有限なのだから、やがて人類は危機的状態に陥るという把握である。人口は幾何級数的に増加するが、食糧は算術級数的にしか増加しないとするマルサスの『人口の原理』的観点を含意するかのようなこの『成長の限界』だが、考察されていた要因として、人口・食糧に工業生産・資源が加わっているだけでなく、汚染（大気汚染・熱汚染・土壌汚染などを含む）も重視されていた。そして、いわば地球的観点が『成長の限界』を貫いていた。*46

シューマッハーの『スモール・イズ・ビューティフル』*47は一九七三年に出版されたが、それは石油危機の起こった年でもあった。化石燃料の「再生不能」を強調していたこの本は、時局に対応するものとして広く読まれた。

シューマッハーは、この本で、現代世界の三つの危機を挙げていた。第一の危機は、「技術、組織、政治のあり方が人間性にもとり、堪えがたく、人の心を蝕《むしば》むものだとして抗議の声があがっていること」であり、いわば社会システム論の問題である。第二の危機は、「人間の生命を支えている生物界という環境が痛めつけられ、一部に崩壊のきざしが出ていること」であった。そして第三の危機として挙げられたのが、化石燃料資源の浪費と、近い将来におけるその供給減少または枯渇という問題だった（『スモール・イズ・ビューティフル』196）。ここで、第二の危機として挙げられたものが、『沈黙の春』が論じていたことと重なっている。

たとえば、「科学者や技術者は自然界にない物質の合成に成功した。合成物質の大部分に対して、自然はほとんど無抵抗である。それを攻撃して打ちこわす力は、自然には存在しない」（24）というのは、カーソンの視点と重なる。また、「エコロジーの問題」は、最近突然言われるようになったわけではないが、従来のそれと現在のそれとの違いは、変化の速度が「過去二十五年のあいだにいちじるしく早まったこと」だと述べているのも、カーソンの見方と重なっている。

危機への対応の分岐

シューマッハーは、ここに挙げた三つの危機への対処の仕方に二通りあるとしている。「一方には、三重の危機に対処するには今のやり方を徹底させればよいと考えるグループがある。私はこれを猛進派と呼んでいる。他方、新しい生活様式を模索し、人間と環境についての基本となる真理へ立ち戻ろうと努めているグループがある。これをふるさと派と呼んでいる」（205）というのだ。シューマッハーが自身を「ふるさと派」に含めていることは無論である。

猛進派は、自身そう名乗ることは必ずしも好まないとしても、掃いて捨てるほどいる勢力で、環境問題は高度なテクノロジーの開発によって克服できると考える。「自然に帰る」などというのは不可能なことで、そんなことをしたら第三世界の貧しい国々のようになってしまう、と想像する。「ふるさと派」は必ずしも「自然に帰る」派ではないが、「猛進派」は両者を、故意か無意識的にか混同するのである。

しかし、シューマッハーが二通りの危機への対処法があるとしたこと自体がいささか問題だった。というのは、彼の二つの対処法では、もっぱら現状絶望・将来悲観型と結びつくような立場、あるいは、自己の生活様式の素朴化・簡素化をひたすら追求するような立場（便宜上それぞれ、絶望派、「自然に帰れ」派としておこう）と、現状には悲観的で将来への展望も明るいとはいえないにせよ、社会システムや生活様式の問題も併せ考えようという立場（便宜上、「改革派」としておこう）が、いずれも「ふるさと派」としてくくられてしまうからである。シューマッハー自身は、第三世界の国々への訪問や助言を惜しまず、それらの国々の発展のための社会システム論を展開していたから、当然ながら「改革派」ということになろう。

では、カーソン自身はどのような立場だったか。

農薬の無制限で野放図な使用に反対した彼女は、もちろん「猛進派」ではないが、カーソンを攻撃した製薬会社やその代理人たちが言ったような「自然に帰れ」派でもない。彼女は、『沈黙の春』で農薬禁止を主張するものではないと繰り返し述べていたからである。この点を強調すれば、彼女は「改革派」だったといえよう。けれども、人間と自然とのかかわりは、環境を悪化させることのより少ない技術の開発によって発展させられ得るという観点も彼女のものではなかった。

く。

（2）変革は可能か

「手をこまねいて眺めているのは、絶望と敗北主義に身をゆだねることにほかならない」（沈黙、167）とカーソンは書いた。改革は、まず行政や企業への働きかけになる。それが生易しいものではないことは、カーソンも十分に承知していた。そうした問題群について、カーソンは次のように書く。

第一に、「いちばん手におえないのは中央政府や州政府関係の防除専門家で、生物学者の報告する事実を頭から否定し、野生動物がいためつけられている証拠などない、と言ってがんばる（化学薬品製造会社にいたっては、あらためて言うまでもない）」（106）といった記述は、官僚の傲慢さの指摘である。第二に、「化学工業の大会社が大学に金をつぎこむ。殺虫剤研究の資金を出すからなのだ。ドクター・コースの学生たちにはたっぷり奨学金があたえられ、魅力のある就職口がかれらを待ちうけている」（300）という記述がある。これは、巨大資本と結びついた莫大な研究投資の下での理科学研究という、二〇世紀前半までにおいては見られなかった事態の、早い時点での指摘であった。企業と結びつかない研究は多くの困難をかかえ込む。第三に、「村という村のおえら方は、化学薬品のセールスマンにとってはいいカモだ。いろんな業者がつめかける、道ばたの《やぶ》をとってあげます、おとくです、草刈り人夫をやとうより安あがりです」（85～86）といった記述は、それ以後お伽噺のように膨張した「コマーシャル」の問題の指摘のようでもあり、行政と企業との

「甘い」関係の指摘のようでもある。

カーソンが改革派であったのは何によるか。この点を彼女は、一九世紀の終わりから二〇世紀の初めにかけての伝染病の流行と比較して論じている。至る所に病原菌が溢《あふ》れていた当時の状況は、発癌物質の充満する現在と同様だが、病原菌は人間が意図的にばらまいたのではなかった。しかし、「大部分の発癌物質は、人間が環境に作意的に入れている」ものだから、「その意志さえあれば、大部分の発癌物質をとり除くことができる」（沈黙、281）し、その時こそ、「狂気から覚めた健全な精神が光り出す」（沈黙、まえがき）だろうというのである。

カーソンの言葉の中には、先に見たように、絶望的な響きを持つものが一方に確かにあるが、他方で、ここに述べたような観点を背景に、具体的な行動・改革を展望するものがある。例をあげよう。

行政への提案

一九五三年八月、カーソンが『ワシントン・ポスト』に送った投書の要約が『リーダーズ・ダイジェスト』に掲載された。それはカーソンが属していた魚類・野生生物局長で、自然保護に尽くしてきたアルバート＝M＝デイが解任されたことに激怒した彼女が書いたものだった。そこには、

永年、全国の愛国的な人びとは、自然保護のために活動してきました。それが国家の死活にかかわるほどの重要性を持っていることを認めていたからです。彼らが苦労して勝ちとった進歩が打ち消されてしまうような気配がみとめられます。政治的な考えを持った行政官は、資源の

無制限な乱用と破壊が横行する暗黒時代にわれわれを引き戻します（B、160）。

とあった。それから一〇年後の一九六三年六月、アメリカ上院の商業委員会に出席したカーソンは、環境問題はしばしば行政諸機関の間の論争でもつれてしまうので、それを解消するためにも、「行政府のレヴェルで独立した委員会」を創設することが必要だと陳述した（ヘンリクソン、80）。カーソンのこの提案も一つのきっかけとなってアメリカ環境保護庁（ＥＰＡ）が設立（一九七〇年）されることになる。カーソンのこうした行動を重視すれば、彼女は、現状にはなはだ悲観的ではあったが、また、改革家・運動家ではなかったが、行政面での対応に一定の期待をしていたと見ることができる。

一般的に言えば、環境問題への対応として「人間の生活習慣」を問題にすると、生活様式の改善という課題が、その改善が容易には進展しないだろうという条件付きでにせよ、前面に出てくる。こうした問題設定とは別に、行政や企業の責任追及に力点を置く発想があるが、ここに見たカーソンによる委員会の提起という発想は、そうしたものである。しかし、行政の対応の具体策の展開や、広範な汚染に対応できる政治的・社会的システムの考察も、企業の責任追及も、彼女の本領ではなかった。

人々の生活習慣や生活様式の問題と、政治的・社会的システムの問題とを、それぞれどのような内実を持つものと考えるか、両者の関連をどう考えるかは、後の人々に残された課題であった。

『限界を超えて』

ここに述べた「残された課題」に取り組んだものの一つが、メドウズ他の『限界を超えて』である。[*48] この本は、『成長の限界』後の二〇年の世界の変化をふまえ、また『成長の限界』に寄せられた批判に一定程度応える形で、一九九二年に出版された。個々の国家・民族を超えた「人類社会」の社会科学的な考察をした『限界を超えて』には、この「人類社会」の巨視的な三つの区分が述べられている。

メドウズたちによれば、農業革命・産業革命は人類社会の画期をなすが、現代世界がこのまま経済成長を追求すれば、環境破壊を中心として事態は悪化の一途をたどり、人類社会にはもはや破滅しか残されていない。破滅を避けるためには「持続可能性を追求する革命」が、今必要である。その前提には、産業革命以降の（先進国を中心とした）世界が、「果てしなく続く成長への期待」を当然視している「成長志向にとりつかれた」工業社会だという認識がある。そのことと表裏一体をなすことだが、こうした期待や成長志向を克服しなければ「持続可能性を追求する革命」もあり得ないとする。そして、彼らは、

世界の国と人びとを持続可能性の方向に向けることは可能だろうか。それはおそらく、新石器時代後半の農業革命や二世紀前の産業革命以外に匹敵するもののない、大規模な社会変革になるだろう（279）。

という。この立場は、未来に希望を持たないのでなく、価値観の転換によって破局は避けられるの

であり、今ならまだ遅過ぎないというのだ。もはや希望はないとする悲観論ではない。その場合、環境問題が極めて重視されているのは注目に値する。

こう見ると、決して冷笑的にならなかったカーソンの立場も、破滅を避けるための「持続可能性を追求する革命」というメドウズたちの立場に近いと見ることができよう。

（3）環境倫理

環境倫理　環境問題の広がり深まりにつれて、さまざまな環境理論や環境保全運動も現れたが、「環境倫理学」も登場した。カーソンは環境倫理学的な論を立ち入って展開してはいないが、それに関連する見逃せない指摘をしていることも確かである。第一に、『沈黙の春』第六章に「花を求める権利」に関する指摘があるが、これについてはすでに見た。これは、「自然のうちに生存する権利」とでも表現できるかもしれず、あるいはアメニティを求める権利として一般化できるものかもしれない。

第二に、『沈黙の春』第二章には「世代間倫理」に関連する次のような指摘がある。

人類全体を考えたときに、個人の生命よりもはるかに大切な財産は、遺伝子であり、それによって私たちは過去と未来とにつながっている。長い長い年月をかけて進化してきた遺伝子のおかげで、私たちはいまこうした姿をしているばかりではなく、その微小な遺伝子には、よかれ悪しかれ私たちの未来のすべてがひそんでいる。とはいえ、いまでは人工的に遺伝がゆがめられてしまう。まさに、現代の脅威といっていい（沈黙、244）。

二十億年あまりにわたって、原形質生物から進化し淘汰されてきた［中略］この遺産は、私たち一代かぎりで使っていいものではない。きたるべき次の世代へと大切につたえていかなければならないのだ（254）。

というのである。

「個人の生命（individual life）」の至上性を強調し、個人の意志を重視するのが、近代の人間中心主義（個人主義）の一側面であるとすれば、ここに引いたカーソンの考えが、そのような立場と異なることは明らかである。

第三に、倫理学の中に、人間と自然との関係というファクターを入れることに関する問題がある。ハンス＝ヨーナスによれば、従来の倫理学は、カントの場合にも見られるように、人間と人間の関係性を問題にしてきたという意味で、人間中心的であった。もし、人間の支配下にあると考えられてきた自然が自らの「権利」を主張し始めたらどうなるか。[*49] たとえば、「木は法廷に立てるか」というようなことも問題となっている。木についてはともかく、カーソンは、一九六三年にシュヴァイツァー・メダル受賞の時、次のように語っていた。

シュヴァイツァー博士が私たちに告げたのは、私たちが人間と人間の関係にだけ関心を持っている限り、真に文明化されているとは言えないということです。重要なのは、人間とあらゆる生命との関係なのです（ハーラン、113。傍点は引用者）。

右に見たヨーナスの見解は、このカーソンの言葉の注釈ともいえるほどである。

第四に、『われらをめぐる海』に関連して、「環境と人間を肉体的、ならびに精神的に作り上げた力を理解することなくして、人間を理解することは不可能です」というカーソンの言葉を、先に引用したが、ここには、人間をいわば「環境内存在」と考えなければならないという観点が明瞭に語られている。

希望

「人間とあらゆる生命との関係」が重要であるとして、そこでは、どのような生き方が求められるか。最後にこの点を、カント哲学を手がかりに、考えることにしよう。

カントは『純粋理性批判』の末尾近くで、理性の一切の関心はすべて、次の三つにまとめられるとして、

1　私は何を知りえるか
2　私は何をなすべきか
3　私は何を希望することが許されるか

を挙げた（B版832〜833）。そして彼は、これらの問いが「人間とは何か」にまとめられると考えた。

だが、カントの場合、この三つの問いは、相互に独立した関係だとされていた。ヨーナスも引用しているカントの言葉、「正直で善良であるために、また、賢く有徳であるために、人間は何をなすべきかを知るのには、科学や哲学は必要ない」（『道徳形而上学原論』）は、1と2とが相互に独立したものであることを意味するものであった。

しかし、たとえばもし、環境問題への取り組みが人々の生活様式の一定の改善をも不可欠の前提とすると考えれば、人々は環境汚染のメカニズムを少なくともその概略において認識することが必要となろう。つまり、2の前提に1がなければならないことになる。

また、カントの立場では、「理性の関心」の3は、1や2とは原理的に無関係に許されるものであった。しかし、今や、人間の尊厳の一面は、人間による自然破壊を破壊と認識し、欲望をますます肥大させることが一種の感覚の麻痺《まひ》にほかならないことを知りつつも、何がしかの「希望」を考え、語ることのうちにあるのかもしれない。つまり、カントの言う3は、カント解釈の忠実さという点[*50]は別として、1や2から独立ではないとすべきなのであろう。たとえば、破滅を避けるための「新しい生活様式の模索」（シューマッハー）という希望や、「持続可能性を追求する革命」（メドウズ他）という希望のように。そして、『沈黙の春』をはじめとするカーソンの本は、環境問題について、人間と自然との関係について、根本的なところを教えてくれる本であると同時に、ある希望を抱かせる本だということを、私は本書を通じて描こうとしたのである。

注

＊1——ルネ＝デュボス『地球への求愛』長野敬訳、思索社、一九九〇年、18頁。なお、カーソンは『沈黙の春』第一二章でデュボスに言及していた。

＊2——「近代イギリスにおける自然観の変遷」の副題を持つキース＝トマス『人間と自然界』(山内昶監訳、法政大学出版局、一九八九年)は、この問題をイギリスの場合に即して、詳細に描いている。

＊3——こうした動向については、ダンラップ、マーティング『現代アメリカの環境主義』(満田久義監訳、ミネルヴァ書房、一九九三年)など、多くの書物が指摘するところである。

＊4——ドナルド＝オースター『ネイチャーズ・エコノミー　エコロジー思想史』中山茂・成定薫・吉田忠訳、リブロポート、一九八九年。また、＊3の書物も参照。

＊5——『オーデュボンの自然誌』前掲、75・79・175頁。

＊6——コンスタンス＝ルーアク『オーデュボン伝』大西直樹訳、平凡社、一九九三年。

＊7——オースター『ネイチャーズ・エコノミー』84頁。

＊8——ソローの著作としては、『森の生活—ウォールデン』神吉三郎訳、岩波文庫、一九七九年。『メインの森』小野和人訳、講談社学術文庫、一九九四年。『コッド岬』飯田実訳、工作舎、一九九三年。

＊9——カーソンのドロシー＝フリーマンあての手紙の中には、ソローに触れたところがある。"*Always*, Rachel" (April 4. 1956, August 30. 1958) 参照。

＊10――北米東部の森林伐採を含め、森林伐採についての巨視的な説明としては、さしあたり『地球白書1994―95』(沢村宏監訳、ダイヤモンド社、一九九四年）の第二章「森林経済の再設計」を参照。

＊11――(地図注）この地図が示すように、『沈黙の春』にはオクラホマ、カンザス、ネブラスカなどのミシシッピ川西側の諸州への言及がない。オクラホマは『怒りのぶどう』の出発点ではあったが、にもかかわらず、これら諸州の農業地帯としての一層大規模な発展が、より東の諸州に比べて後発的であったことを反映しているのだろう。

＊12――ミューア『はじめてのシエラの夏』岡島成行訳、宝島社、一九九三年。なお、ジンジャー＝ワズワース『ジョン・ミュア』(渡会和子訳、ほるぷ出版）も参照。ミュアの本はアメリカではポピュラーなようで、『はじめてのシエラの夏』『カリフォルニアの山々（*The Mountains of California*)』などがペンギンブックスに収められている。また、シエラ・クラブ(Sierra Club Books)は、ミュアの数冊の本を「ジョン・ミュア・ライブラリー」として出版している。

＊13――カーソンは、ドロシー＝フリーマンあてのある手紙で、ミュアのエッセイをたたえている。“*Always,* Rachel”(November 3. 1963）参照。

＊14――ミュアの論文「西部の自然公園と森林保護」(一八九八年一月）は、『アトランティック・マンスリー』誌に掲載され、同誌掲載の彼の他の論文とともに『われらの国立公園』(原著、一九〇一年　John Muir, *Our National Parks,* Sierra Club Books, 1991）に収められた。なお、後にカーソンの論文「海の中」をも掲載したこの雑誌に関しては、I章＊12も参照されたい。

＊15――森林破壊に対する抵抗は、伐採する側が巨大資本であったり、木材産業の背後に外国の巨大企業が控えてい

る場合には、著しく困難なものになるだろう。その事例に関する著作に、マレーシアの場合を扱った次のものがある。イブリン＝ホン『サラワクの先住民　消えゆく森に生きる』北井一・原後雄太訳、法政大学出版局、一九八九年。

＊16――T＝アドルノ、M＝ホルクハイマー『啓蒙の弁証法』（一九四七年）徳永恂訳、岩波書店、一九九〇年、3頁。

＊17――ただし、ベーコンの方法自体に欠陥があったという見解もある。「科学革命」論の古典であるトマス・クーンの『科学革命の構造』（中山茂訳、みすず書房、一九七一年）には、「十七世紀のベーコン的自然誌を検してみると、それは一つの泥沼であることを知る。」それは「事実をただ並べ立てただけ」だ（訳書、19頁）として、「やみくもなベーコン的方法」（同、32頁）には高い評価が与えられていない。

＊18――デカルト『方法序説』野田又夫訳、中央公論社（世界の名著）、一九八七年、210頁。

＊19――カント『判断力批判』第79節、篠田英雄訳、岩波文庫、一九六四年。ただし、一部訳しかえた。

＊20――リン＝ホワイト『機械と神』（原書、一九六八年）青木靖三訳、みすず書房、一九七二年、第五章。この本、とりわけ第五章「現在の生態学的危機の歴史的根源」は、現代の科学と技術の動向が、ユダヤ＝キリスト教的な世界観によって方向付けられていると論じている。

＊21――アリエス『〈子供〉の誕生』杉山光信・杉山恵美子訳、みすず書房、一九八〇年、238頁。

＊22――スタイナー『ハイデガー』生松敬三訳、岩波書店、一九九二年。スタイナーは、一方でハイデガーの思想を評価するが、他方では彼のナチスへの加担についての無反省をきびしく批判している。

＊23——ベーコン『学問の発達』成田成寿訳、中央公論社（世界の名著）一九七七年、330頁。

＊24——ドナルド＝オースターは近著で、現代の環境危機を発見したのがカーソンなどの自然科学者だったことを強調している。Donald Worster, *The Wealth of Nature. Environmental history and the ecological imagination,* Oxford University Press, New York, 1993, p.21

＊25——ハイデガーは『形而上学入門』（一九五三年）の中で、「環境世界」に言及しているが、他方、「ロシアもアメリカも形而上学的に見ればともに同じである。それは、狂奔する技術と平凡人の底のない組織との絶望的狂乱である。地球のすみからすみまで技術的に征服されて……」（『ハイデッガー選集・九』川原栄峰訳、理想社、一九六〇年、53頁）と書いている。ロシアとアメリカを同一視し、この両者とドイツを中心とするヨーロッパとを、技術や組織面で断絶したものと見るのには無理があろう。しかし、この一文を、社会主義国でも環境問題は深刻化するのだという意味で読めば、その指摘は「予言的」だったといえなくはない。

＊26——ブラムウェル『エコロジー』金子務監訳、河出書房新社、一九九二年。ヘッケル『生命の不可思議』後藤格次訳、岩波文庫・上巻、一九二八年、107～108頁。なお、日本で「エコロジー」ということを自覚しつつ環境問題に取り組んだ先駆者として、南方熊楠をあげることができる。太田哲男『大正デモクラシーの思想水脈』同時代社、一九八七年、参照。

＊27——Carolyn Merchant, *Radical Ecology*, Routledge, 1992, p. 64.

＊28——一九七四年一〇月から翌年六月までの『朝日新聞』連載小説である有吉佐和子『複合汚染』は大きな話題となり、単行本（一九七五年）となってベストセラーとなったが、この小説にも『沈黙の春』のことが取り上げられ

ていた。

＊29――ヴァイツゼッカー『地球環境政策』114頁。また、畜産に関しては、『地球白書1992―93』「第五章」が詳しい、説得的である。

＊30――クーン『科学革命の構造』中山茂訳、みすず書房、一九七一年、v頁。

＊31――フロンガスへの対応の展開については、メドウズ他『限界を超えて』(茅陽一監訳、ダイヤモンド社、一九九二年）が適切にまとめている。

＊32――『朝日新聞』一九九四年八月八日「保管ＰＣＢが『行方不明』」参照。また、一九八八年の春から夏にかけてスウェーデンの北海沿岸からバルト海にかけて、約一万八〇〇〇頭のアザラシが死んだ。直接の死因はウイルス感染による肺炎だったが、ＰＣＢなどの化学物質の蓄積による免疫力の低下が前提になっているとも言われる。『日本経済新聞』一九九四年三月一四日付「地球の生態学」参照。

＊33――問題は世界各国に広がっていた。一九七六年、イタリアのセベソでトリクロロフェノール製造工場で爆発が起き、大量のダイオキシンが空中に放出された。そのため、動物の死体が街頭に散乱し、三〇〇エーカーを越える地域の住民が立ち退かなければならなかった。ブラウン『荒れる大地』綿貫礼子・河村宏訳、筑摩書房、一九八三年、62頁、参照。

＊34――一九九三年一〇月一六日、国際環境保護団体グリーンピースは、ロシア海軍による液体放射性廃棄物の日本海投棄を映像によって世界に訴えた。

＊35――環境汚染の拡大・深化に関する文献には枚挙にいとまがないが、さしあたりクライブ＝ポンティング『緑の

世界史』石弘之他訳、朝日新聞社、一九九四年、などを参照。

＊36——シュリダス＝ランファル『地球サミット公式ブック　地球エシックス』江口陽子監訳、講談社、一九九二年、141頁。ランファルは、パルメ委員会（独立非武装安全保障委員会）やブルントラント委員会（環境と開発に関する世界委員会）などの委員を務めた人物である。

＊37——『地球白書1994—95』第六章「コンピュータは地球を救うか」参照。

＊38——スタインベック『怒りのぶどう』大橋健三郎訳、岩波文庫・上巻、一九六一年。

＊39——レヴィ＝ストロース『悲しき熱帯』川田順造訳、中央公論社、一九七七年。

＊40——熱帯林に関しては、吉良竜夫『熱帯林の生態』人文書院、一九八三年。ヴィーヴァーズ＝カーター『熱帯多雨林の植物誌』渡辺弘之監訳、平凡社、一九八六年、などを参照。

＊41——レヴィ＝ストロース／エリボン『遠近の回想』竹内信夫訳、みすず書房、一九八八年、291頁。

＊42——本書Ⅰ章＊2で言及したローレンツによるカーソンの把握は、悲観的な文明論的色彩が濃厚で、その点では、ここに引いたレヴィ＝ストロースからの引用に通ずるところを持っている。その色彩の当否はここでは問わないとして、いずれも「現代」をより深く認識するための対話の相手となってくれる本であることは確かである。

＊43——ヨーナスのインタヴューは、「悪しき終末に向かって（Dem bösen Ende näher）」として、『みすず』三七七号（一九九二年八月号）に訳出（市野川容孝訳）されている。

＊44——自然科学の立場を踏まえつつ、環境問題も含め、頗る悲観的な文明論を展開している一人に、エルヴィン＝シャルガフがいる。彼の『過去からの警告』山本尤・内藤道夫訳、法政大学出版局、一九九〇年。『未来批判』山本

尤・伊藤富雄訳、同、一九九四年、など参照。
＊45――クンデラ『小説の精神』金井裕・浅野敏夫訳、法政大学出版局、一九九〇年、31頁。小説『冗談』（一九六七年）でその名を世界に知らしめたチェコ生まれのクンデラ（一九二九〜）は、一九六八年の「プラハの春」事件後、教職を追われ、作品発表の機会も制限された。七五年、フランスからの招待で出国したのを機に、フランスに居を移し、精力的に創作活動を行っている。
＊46――D＝H＝メドウズ他『成長の限界』前掲。
＊47――シューマッハー『スモール・イズ・ビューティフル』小島慶三・酒井懋訳、講談社学術文庫、一九八六年。
＊48――メドウズ他『限界を超えて』茅陽一監訳、ダイヤモンド社、一九九二年。
＊49――Hans Jonas, *Das Verantwortung : Versuch einer Ethik für die technologishe Zivilization*, Insel Verlag, 1979. この英訳は、*The Imperative of Responsibility*, The University of Chicago Press, 1984. なお、環境倫理学を扱った本としては、シュレーダー＝フレチェット編『環境の倫理』上・下、京都生命倫理研究会訳、晃洋書房、一九九三年、などがある。また、「動物の権利」に関しては、ピーター＝シンガーの著作が知られているが、その他、動物への同情の感情に関する思想史的研究としては、ジェイムズ＝ターナー『動物への配慮』斎藤九一訳、法政大学出版局、一九九四年、参照。
＊50――カントの言う希望の問題に深く考察を加えたものに、レヴィナス『神・死・時間』合田正人訳、法政大学出版局、一九九四年、がある。

あとがき

清水書院の清水幸雄さんと大学院時代以来お世話になっている小牧治先生のお二人から、「人と思想」シリーズに『レイチェル＝カーソン』を書くようにというお話をいただいたのは、一九九三年二月のことだった。カーソンの著作はある程度読んでいたし、関心も持っていたが、改めて勉強し直し、九五年二月にようやく脱稿した。まずは清水さんと小牧先生に深く感謝を申し上げたい。

いくつかの大学の図書館などから関係文献を手配してもらうにあたり、お世話になった人も少なくない。アメリカ在住の友人たちからも、資料や文献を教えてもらったり、送ってもらったりした。そのお名前をここにすべてあげることはできないが、デイヴィット＝ヴァイスさんにはさまざまの資料の収集と有益な情報の提供に関して特にお世話になり、チャタム・カレッジにあるレイチェル・カーソン・インスティテュートのダイアン＝セルヴァジオさんにはカーソンの伝記について教示をいただいた。

カーソンについて勉強する過程で、『沈黙の春』を複数の読書会で読み、その参加者たちとの討論から恩恵を受けた。何人かの人には原稿を読んでもらい、ある人たちには構想を聞いてもらって、いろいろな意見をいただいた。その人たちに心から感謝する。

本書に掲載した写真に関しては、チャタム・カレッジなどから配慮をいただいた。上遠恵子先生には、カーソンの写真の件も含め、助言をいただいた。

カーソンの著作など、翻訳のあるものは基本的にその翻訳を使わせていただいた。このことにも感謝しなければならない。

脱稿から出版までにずいぶんと時間がたってしまったが、お世話になった多くの人々に対し、ようやく出版できたと報告できることになり、その点はいささかホッとしている。

脱稿から二年余りが経過した。その間にカーソンが友人のドロシー＝フリーマンと取り交わした書簡集（"*Always*, Rachel", Beacon, 1995）が出版されるなど、資料面での変化も生じたが、脱稿後は別の著作に専念していた私としては、今回はわずかな手直しだけに止めざるを得なかった。

本書を担当して下さった清水書院の村山公章さん、原稿の整理・編集を担当して下さった松本早苗さんにも謝意を呈したい。

この本で言及したソローやハドソンの本に親しむきっかけを与えて下さったのは、故古在由重先生であった。先生にこの本を見ていただけないのは残念である。

これまで私の書いてきたすべての論文・著作・翻訳の、最初の熱心な読み手は、常に私の連れ合いのまり子だった。彼女は、今回もまた本書の原稿を丹念に読んで多くの意見を述べてくれたし、何冊かの参考文献にも当ってくれた。

最後になったが、藤田省三先生にも感謝しなければならない。先生には、「現代」を考えるのに重要な何冊かの本のことを教えていただいたが、その中の一冊が『沈黙の春』であった。また、それと関連して、レヴィ＝ストロースの意義や『限界を超えて』についても教えていただいた。教えていただいたことを本書で十分に生かせているか否かは心許ないが、先生の教えなしには、この『レイチェル＝カーソン』の執筆も到底なかったと思う。

一九九七年五月

太田　哲男

レイチェル＝カーソン年譜

西暦	年齢	年譜	参考事項
一八二七年			オーデュボン『アメリカの鳥類』刊行開始。
五四			ソロー『ウォールデン』
六四			ソロー『メインの森』
九四		ロバート＝カーソン（レイチェルの父）、マリア＝マクリーン（レイチェルの母）と結婚。	
一九〇七		五月二七日、レイチェル＝カーソン、ペンシルヴェニア州アルゲニー郡スプリングデールに生まれる。	
一一	四歳		ミュア『はじめてのシエラの夏』
一八	一一	『セント・ニコラス』誌九月号にレイチェルの投稿作文「大空の戦い」が銀賞を得て掲載される。	
一九	一二	『セント・ニコラス』誌への作文、金賞を得る。	
二五	一八	パルナッソス・ハイスクールを卒業。 秋、ペンシルヴェニア女子大学（現チャタム・カレッ	

一九二六年	一九歳	ジ）に入学。	ヘミングウェイ『日はまた昇る』
二九	二二	六月、ペンシルヴェニア女子大学卒業。夏、ウッズホール海洋生物研究所で研修。ジョンズ・ホプキンズ大学大学院入学。大学院時代は、遺伝学者ジェニングス教授の下で研究。この年、カーソン一家、スプリングデールからメリーランド州ボルティモアに転居。	一〇月二四日、世界恐慌始まる。
三二	二五	六月、海洋生物学の修士号を取得。	
三五	二八	七月六日、レイチェルの父ロバート心臓発作で死去。放送番組の台本執筆アルバイト。	
三六	二九	八月、公務員試験にトップで合格し、初級水産生物学者として漁業局に正式採用となる。年俸二〇〇〇ドル。この頃、勤務地に近いメリーランド州シルヴァー・スプリングに母マリアと住むようになる。	
三七	三〇	『アトランティック・マンスリー』誌に「海の中」が掲載される（全国的な雑誌に載った最初）。『ボルティモ	

		ア・サン』紙に記事を書く。	
一九三八年	三一歳	この年初め、『潮風の下で』を書き始める。この年、『ボルティモア・サン』紙に少なくとも八本の記事を書く。	
三九	三二		スタインベック『怒りのぶどう』
四〇	三三	勤務先、内務省管轄の魚類・野生生物局に編成替えとなる。	
四一	三四	一一月一日、『潮風の下で』をサイモン・アンド・シャスター社より出版。	一二月、日米戦争開始。
四二	三五	勤務先の身分、水生生物学者助手となる（四三年まで）。	
四三	三六	勤務地がシカゴに移転。それに伴い、シカゴへ。	
四四	三七	勤務地、メリーランドとなる。勤務先の身分、準水生生物学者となる（四五年まで）。	
四五	三八	勤務先の身分、水生生物学者となる（四六年まで）。シャーリー＝ブリッグス、魚類・野生生物局に入る。	八月六日、米、広島に原爆を投下。八月一四日、日本、ポツダム宣言受諾。
四六	三九	勤務先の身分、情報専門官となる（四九年まで）。ブックレット『環境保全の行動（コンサヴェーション・イン・アクション）』を書く（〜四七年）。	

一九四七年	四〇歳		アドルノ、ホルクハイマー『啓蒙の弁証法』
四九	四二	勤務先の身分、生物学者・編集担当となり、出版に関連した仕事をする（五二年まで）。この年、魚類・野生生物局の水中調査に参加し、はじめて海にもぐる。メリーランド州シルヴァー・スプリングに家を買う。	レオポルド『砂の国の暦』
五一	四四	七月二日『われらをめぐる海』をオクスフォード大学出版会より出版。七月から長期休暇をとり、メイン州からフロリダ・キーズまで、アメリカ合州国東海岸を調査。『タイムズ』誌（九月九日付）、『われらをめぐる海』ベストセラーのトップとなったと報道。	
五二	四五	公務員辞職を承認される。『われらをめぐる海』、ＲＫＯによって映画化され、アカデミー賞ドキュメンタリー部門オスカーを獲得。	ハイデガー『形而上学入門』
五三	四六	メイン州ブースベイに別荘を持つ。	
五四	四七		三月一日、第五福竜丸、ビキニでの米国水爆実験によって被災。九月二四日、同船無

			線長久保山愛吉死去。
一九五五年	四八歳	『海辺』をホートンミフリン社より出版、ベストセラーとなる。	レヴィ＝ストロース『悲しき熱帯』
五六	四九	全米大学婦人協会功労賞。 八月、論文「あなたの子どもに驚異の眼をみはらせよう」を発表（のちの『センス・オブ・ワンダー』となる）。 米農務省の指導の下に、マイマイガ「根絶」のため、DDTの大量空中散布実施（〜五七年）。	
五七	五〇	二月、姪のマージョリー死去、遺児ロジャー（五歳）を養子とする。 メリーランド州シルヴァー・スプリングに家を新築。 オルガ・ハキンズから、DDTの散布による被害を訴える手紙を受け取る。	ニューヨーク州ロングアイランドで、DDT大量散布の禁止命令を求める訴訟起こる。
五八	五一	『沈黙の春』の執筆にとりかかる。 一二月、母マリア死去。 この頃、カーソンは細菌感染症。	

一九五九年	五二歳	春、胸部手術を受ける。	ヒチコック『北北西に進路を取れ』
六〇	五三	六月、民主党顧問会議天然資源委員会にかかわる。 この年の終わり、癌に気付く。	
六一	五四	一二月、『沈黙の春』を書き上げる。	
六二	五五	六月一六日、『沈黙の春』、『ニューヨーカー』誌への連載始まる→クロールデンについて告訴というおどし。 八月二九日、ケネディ大統領、記者会見でカーソンの著作に触れる。 九月二七日、『沈黙の春』をホートンミフリン社より出版。	サリドマイド禍、問題化。
六三	五六	一月七日、シュヴァイツァー・メダルを受ける。 三月、全米野生生物連盟の「年次保護者賞」を受賞。 春、イギリス上院、有毒な薬剤の散布について議論。カーソンの名前と著作にしばしば言及される。 五月一五日、（大統領科学諮問委員会の科学技術特別委員会は、農薬委員会を設置）。この委員会の報告書「農	

薬の使用」公表。このあと、環境破壊に関する上院委員会で公聴会（リビコフ委員会）開始。

六月四日、リビコフ委員会に出席し、証言。

六月六日、上院の商業委員会に出席。

夏、メイン州の別荘で過ごす。

一〇月、カリフォルニアへ旅行。サンフランシスコのカイザー・メディカル・センターで講義。「ミュアの森」訪問。

一一月、ミシシッピ川で、魚五〇〇万匹が死亡。後に、農薬エンドリンによるものと判明。

この年、『沈黙の春』の翻訳、フランス、ドイツ、イタリア、デンマーク、スウェーデン、ノルウェー、フィンランド、オランダで出版。続いて、スペイン、ブラジル、日本、アイスランド、ポーランド、イスラエルで翻訳が出る。

一二月、オーデュボン・メダルを受ける。アメリカ地理学協会のカラム・メダルを受ける。アメリカ美術文芸ア

一九六四年	五七歳	カデミーの会員に選ばれる。 一月、『沈黙の春』、この時までに六〇万部印刷される。 四月一四日、メリーランド州シルヴァー・スプリングで死去（五六歳）。 四月一九日、ワシントンにあるユニタリアン派教会で葬儀行われる。	
六五		『センス・オブ・ワンダー』が、ハーパー・アンド・ロウ社から出版される。	
七〇			米、ベトナム戦争での枯葉剤散布を停止。
七二			『成長の限界』
七三			シューマッハー『スモール・イズ・ビューティフル』

参考文献

次のA以外は、本文や注に示した文献から、主なものを挙げるにとどめる。

A　カーソンの著作・伝記・研究書など（巻頭の略号一覧に挙げてないもの）

カーソン『沈黙の春』の原書のうち、ペンギン・ブックスの一冊として刊行されているものには、シャクルトンの序論（Introduction）と、ジュリアン＝ハックスリーの序文（Preface）とが付されている

カーソン『センス・オブ・ワンダー』上遠恵子訳、佑学社、一九九一年

"*Always*, Rachel: The Letters of Rachel Carson and Dorothy Freeman, 1952—1964" Edited by Martha Freeman, Beacon Press, Boston, 1995　この書簡には、ペーパーバック版もある

H. Patricia Hynes, *The Recurring Silent Spring*, Pergamon Press, New York, 1989

カドリンスキー『レイチェル・カーソン』上遠恵子訳、佑学社、一九八九年

G＝J＝マルコ他編『「サイレント・スプリング」再訪』波多野博行監訳、科学同人、一九九一年

利光早苗『レイチェル・カーソン』メディア・ファクトリー、一九九二年

上遠恵子『レイチェル・カーソン——その生涯』かもがわ出版、一九九三年

マーティー＝ジェザー『運命の海に出会って　レイチェル・カーソン』山口和代訳、ほるぷ出版、一九九四年

原強『「沈黙の春」の世界』かもがわ出版、一九九四年

＊

カーソンの著作（英文）はいくつかの出版社から出ているが、現在入手しやすいペーパーバックを一冊ずつ記しておく。

1. *Under the Sea Wind*, Truman Talley Books／Plume, New York, 1991

2. *The Sea around Us*, Oxford University Press, New York, 1989

3. *The Edge of the Sea*, Houghton Mifflin, Boston, 1983

4. *Silent Spring*, Houghton Mifflin, New York, 1994

1はボブ＝ハインズの挿画入り。2は新しい序文・後書き付き。4はアル＝ゴア副大統領の序文付き。

B　環境問題全般に関して

レスター＝ブラウン編著『地球白書』ダイヤモンド社、各年版

ワイツゼッカー『地球環境政策』宮本憲一他訳、有斐閣、一九九四年

クライブ＝ポンティング『緑の世界史』石弘之他訳、朝日新聞社、一九九四年

C　環境問題の思想的先駆者に関して

アルド＝レオポルド『野生のうたが聞こえる』新島義昭訳、森林書房、一九八六年

スコット＝R＝サンダース編『オーデュボンの自然誌』西郷容子訳、宝島社、一九九四年

『エマソン論文集』(下) 酒本雅之訳、岩波文庫、一九七三年

ソロー『森の生活―ウォールデン』神吉三郎訳、岩波文庫、一九七九年

ソロー『メインの森』小野和人訳、講談社学術文庫、一九九四年

ミューア『はじめてのシエラの夏』岡島成行訳、宝島社、一九九三年

ジンジャー＝ワズワース『ジョン・ミュア』渡会和子訳、ほるぷ出版

ハドソン『鳥たちをめぐる冒険』黒田晶子訳、講談社学術文庫、一九九二年

ドナルド＝オースター『ネイチャーズ・エコノミー　エ

コロジー思想史』中山茂・成定薫・吉田忠訳、リブロポート、一九八九年

D 動物学・植物学などの著作

ローレンツ『生命は学習なり』三島憲一訳、思索社、一九九〇年
ローレンツ『自然界と人間の運命』谷口茂訳、思索社、一九九〇年
ロバート＝シルヴァーバーグ『地上から消えた生物』佐藤高子訳、ハヤカワ文庫、一九八三年
チャールズ＝エルトン『侵略の生態学』川那部浩哉・大沢秀行・安部琢哉訳、思索社、一九七八年

E 哲学・倫理学に関する著作

ベーコン『学問の発達』成田成寿訳、中央公論社（世界の名著）一九七七年
デカルト『方法序説』野田又夫訳、中央公論社（世界の名著）一九七八年
カント『純粋理性批判』篠田英雄訳、岩波文庫
カント『判断力批判』篠田英雄訳、岩波文庫
T＝アドルノ、M＝ホルクハイマー『啓蒙の弁証法』徳永恂訳、岩波書店、一九九〇年
ハイデガー『形而上学入門』川原栄峰訳、「ハイデッガー選集・九」理想社
Hans Jonas, *Das Verantwortung : Versuch einer Ethik für die technologishe Zivilization*, Suhrkamp. 英訳は、*The Imperative of Responsibility*, The University of Chicago Press, 1984
シュレーダー＝フレチェット編『環境の倫理』上・下、京都生命倫理研究会訳、晃洋書房、一九九三年

F その他

メドウズ他『限界を超えて』茅陽一監訳、ダイヤモンド社、一九九二年
シューマッハー『スモール・イズ・ビューティフル』小島慶三・酒井懋訳、講談社学術文庫、一九八六年

さくいん

写真提供

カバー写真：ウッズホール海洋生物研究所の波止場のカーソン
©1951 by Edwin Gray. Used by permission of Rachel Carson Council, Inc.

口絵：メインの森のカーソン
©1961 by Erick Hartman. Used by permission of Rachel Carson Council, Inc.

p.13：Rachel Carson Homestead.

p.25：ウッズホール海洋研究所／©Marine Biological Laboratory.
ジョンズ・ホプキンズ大学／©The Ferdinand Hamburger, Jr. Archives of the Johns Hopkins University.

p.43：©Shirley A. Briggs.

10. 69：©Shirley A. Briggs. Used by permissin of Rachel Carson Council, Inc.

p.135：©Washington National Cathedral.

レイチェル＝カーソン■人と思想137　　定価はカバーに表示

1997年８月28日　第１刷発行©
2016年２月25日　新装版第１刷発行©

・著　者　……………………………… 太田《おおた》　哲男《てつお》
・発行者　……………………………… 渡部　哲治
・印刷所　…………………………… 広研印刷株式会社
・発行所　………………………… 株式会社　清水書院

〒102-0072　東京都千代田区飯田橋3-11-6
Tel・03(5213)7151～7
振替口座・00130-3-5283
http://www.shimizushoin.co.jp

検印省略
落丁本・乱丁本はおとりかえします。

Century Books

Printed in Japan
ISBN978-4-389-42137-3

Century Books

清水書院の〝センチュリーブックス〟発刊のことば

近年の科学技術の発達は、まことに目覚ましいものがあります。月世界への旅行も、近い将来のこととして、夢ではなくなりました。しかし、一方、人間性は疎外され、文化も、商品化されようとしていることも、否定できません。

いま、人間性の回復をはかり、先人の遺した偉大な文化を継承して、高貴な精神の城を守り、明日への創造に資することは、今世紀に生きる私たちの、重大な責務であると信じます。

私たちがここに、「センチュリーブックス」を刊行いたしますのは、人間形成期にある学生・生徒の諸君、職場にある若い世代に精神の糧を提供し、この責任の一端を果たしたいためであります。

ここに読者諸氏の豊かな人間性を讃えつつご愛読を願います。

一九六七年

SHIMIZU SHOIN